# ACCESO GRATIS *a la Lectura en la Nube*

AF237898

Para visualizar el libro electrónico en la nube de lectura envíe junto a su nombre y apellidos una fotografía del código de barras situado en la contraportada del libro y otra del ticket de compra a la dirección:

**ebooktirant@tirant.com**

En un máximo de 72 horas laborales le enviaremos el código de acceso con sus instrucciones.

©   TIRANT LO BLANCH
     EDITA: TIRANT LO BLANCH
     C/ Artes Gráficas, 14 - 46010 - VALENCIA
     TELFS.: 96/361 00 48 - 50
     Fax: 96/369 41 51
     Email: tlb@tirant.com
     www.tirant.com
     Librería Virtual: www.tirant.es
     DEPOSITO LEGAL: V-2222-2025
     ISBN: 979-13-7010-370-5
     MAQUETA E IMPRIME: Tink Factoría de Color , S.L.

Si tiene alguna queja o sugerencia, envíenos un mail a: atencioncliente@tirant.com.
En caso de no ser atendida su sugerencia, por favor, lea nuestro procedimiento de quejas en:
www.tirant.net/index.php/empresa/politicas-de-empresa

Responsabilidad Social Corporativa
http://www.tirant.net/Docs/RSCTirant.pdf

# Aprendiendo a ser Maestro

## 2ª Edición

Diana Marín Suelves, M. Isabel Vidal Esteve y Mayara Lustosa de Oliveira Barbosa

(Coords.)

# Índice

Nota: La utilización del género masculino como generalizador en el uso del lenguaje escrito de este trabajo, responde únicamente a criterios de simplicidad y fluidez en su redacción y lectura.

# Introducción

*Comencemos por el principio o sobre el título elegido*

Según la Real Academia Española "Maestro" es una persona de mérito relevante entre las de su clase, aquella que enseña una ciencia, arte u oficio, y tiene título para hacerlo.

Como podréis imaginar el título elegido para esta obra, "Aprendiendo a ser Maestro", no es casual.

Surgió, por una parte, de la convicción de que el aprendizaje nos acompaña a lo largo de toda la vida, y por otra, del merecido reconocimiento que pretendemos dar a la profesión docente.

Para ello, se han seleccionado escritos de 10 Maestros.

Podrían haber sido más los elegidos, muchos más, porque la mayoría somos capaces de recordar a un docente que marcó nuestro camino, pero consideramos que los seleccionados serían una buena muestra para alcanzar los fines que nos motivan.

Esta es la primera invitación a la reflexión que encontrarás en este libro:

Detente unos instantes y piensa: ¿eres capaz de recordar a aquel docente que fue clave en tu vida? Si existe, seguro que recuerdas su nombre, sus rasgos, el curso en el que te acompañó, la materia que impartía y alguna frase, gesto o acción que dejó huella en ti... Ahora intenta dar respuesta a la siguiente cuestión ¿en qué sentido y por qué fue importante para ti?

Algunos somos afortunados y hasta somos capaces de identificar a varios, y por motivos bien dispares... tal vez hoy estés estudiando este Grado o tengas tu profesión por su influencia en tu vida.

*La estructura de este documento o sobre qué vas a encontrar en las páginas siguientes*

Este texto contiene, además de esta introducción escrita por las coordinadoras, una presentación, diez capítulos y una ilustración a modo de cierre.

El prólogo ha sido escrito por Ángel San Martín. Cada uno de los capítulos es obra de un docente, al que hemos invitado por su reconocido prestigio, su dedicación y buen desempeño a ojos de los diferentes agentes: alumnado, familias, compañeros y Administración. Han participado un total de 10 profesionales de España y Brasil, de diferentes etapas educativas, especialistas en diferentes áreas, pero todos ellos con una larga trayectoria y un elevado compromiso.

Cada uno de los capítulos se divide en tres bloques. El primero es una carta del docente a su yo del pasado, a la persona que decidió hace décadas dedicarse a la enseñanza. A modo de memorias pedagógicas, se hace un recorrido sintético, a la par que reflexivo, sobre el proceso seguido, poniendo sobre el papel estrategias y dejando al descubierto miedos, inquietudes y satisfacciones. Tras redactar la carta, la segunda sección del capítulo se titula "Lo que he aprendido: experiencias exitosas y errores que he cometido", en la que el docente comparte prácticas positivamente valoradas, aquellas que no fueron tan exitosas, posibles fallos o errores cometidos durante su carrera, y propuestas de mejora. De todo ello, esperamos que puedas aprender. Finalmente, la última parte del capítulo presenta testimonios de alumnado, revelando el impacto que ese profesor ha tenido en sus vidas. Se ha querido contar con el alumnado a través del relato retrospectivo sobre la experiencia vivida junto a su docente, por su papel clave en el proceso, y porque un docente no es nada sin su alumnado.

Por último, con la ilustración de Dino Salinas queremos que sigas reflexionando. Así que, puedes ir directamente a ella, y luego seguir leyendo, o reservarla para el final. ¡Tú decides!

### Para qué estos apuntes o sobre nuestra motivación

La obra titulada "Aprendiendo a ser Maestro" está dirigida a futuros profesionales de la educación, a docentes en ejercicio, y también a cualquier persona interesada en la vida en la escuela, la identidad y el desarrollo profesional docente.

El origen de este trabajo se encuentra en una estancia postdoctoral, pero ha acabado adquiriendo esta forma, y no otra, porque creemos en la importancia de la lectura, en el aprendizaje a través de narrativas autobiográficas, en las posibilidades de compartir y enriquecernos gracias a la experiencia de otros y en que estos relatos merecían ser difundidos y trabajados en las aulas.

Porque, además, a pesar de las distancias entre participantes: geográfica, formativa o generacional, es posible identificar en las diferentes narraciones puntos de encuentro fundamentales para el desarrollo de la escuela y la sociedad, como el valor de la diversidad, además de otras lecturas recomendadas que servirán para seguir creciendo.

### Por último, los agradecimientos

Con este trabajo queremos reconocer la labor de todos los docentes, y especialmente de los 12 participantes en esta obra. Que estas breves líneas sirvan como agradecimiento a toda una vida dedicada a hacer un mundo mejor a través de la profesión que un día eligieron.

También a vosotros, alumnos y alumnas, que sois los que dais sentido a nuestro quehacer diario.

Esperamos que de todos ellos, a través de las siguientes lecturas, podáis aprender, fundamentalmente el estudiantado de hoy y del mañana, tal y como hemos aprendido nosotras a lo largo de este año, y como nos consta que muchos en el pasado lo han hecho en sus aulas y también fuera de ellas.

A nuestros grandes Maestros y a todos los que fueron, son y serán docentes comprometidos: ¡Gracias!

Diana Marín Suelves

Departamento de Didáctica y Organización Escolar (Universitat de València)

Mayara Lustosa de Oliveira Barbosa

Instituto Federal de Educación, Ciencia y Tecnología de Brasília, Brasil

M. Isabel Vidal Esteve

Departamento de Didàctica i Organització Escolar (Universitat de València)

# Presentación

Pocas veces un texto suscita tantos interrogantes como el que tiene entre sus manos. Cierto que la profesión docente compromete tanto nuestras vidas, que bien vale la pena preguntarse: ¿cómo se aprende a ser maestra y maestro en las sociedades contemporáneas? Parafraseando el reivindicativo título de Bob Dylan, se puede afirmar aquello de la respuesta está en el viento. A lo largo del tiempo se han planteado infinidad de respuestas sin que se haya llegado a una propuesta consensuada y comúnmente aceptada. De modo que no queda otra que continuar indagando, seguir experimentando nuevas alternativas.

Horizonte al que contribuirá, sin ninguna duda, la atenta lectura de los textos que las compañeras Mayara Lustosa de Oliveira y Diana Marín Suelves compilan en los sucesivos capítulos de esta obra. Composiciones vibrantes porque se conforman a base de recuerdos y reflexiones a propósito de las vivencias, más o menos prolongadas, como docentes y/o discentes. Se propone así un enfoque radicalmente novedoso a partir del cual se piensa y desarrolla este libro: menos referencias académicas y mayor presencia de los sujetos a través de las pequeñas historias relatadas en primera persona.

La comprensión del trasfondo se facilita dotando a los capítulos de una arquitectura semejante y que resulta fácilmente identificable en el transcurrir del relato. El conjunto muestra un fantástico collage plagado de formas y colores de indudable belleza plástica y discursiva sobre lo que es y lo que interiorizan quienes participan en las actividades de enseñanza y aprendizaje. Es así como se va conformando un yo resistente al paso del tiempo pero que emerge cuando surge la oportunidad como en estos capítulos. Contenidos que contribuirían a lo requerido por Ken Bain cuando invita al profesorado a preguntarse cómo "utilizar los conocimientos sobre el aprendizaje humano para concebir sus propias innovaciones".

Aunque se sabía, llama la atención cómo cada testimonio gira en torno a alguna de las muchas pequeñas cosas que suceden entorno a la actividad docente. En unos casos fue una palabra, en otros un gesto, una sonrisa en un momento determinado, una actividad concreta o un acercarse a preguntar qué le pasaba a aquella persona. Unos y otros quedan grabados de tal forma en la memoria personal que perduran a lo largo de la vida personal y profesional, esté o no relacionada con la enseñanza. De manera que se reviste de especial trascendencia cuanto sucede en el encuentro entre aprendices y enseñantes. Son los delicados colores del collage antes aludido con los que se expresan las muchas vivencias rememoradas en los capítulos que conforman esta obra, tanto por docentes como por estudiantes, sean de uno u otro lado del Atlántico.

Del recorrido por la composición se desprende una cuestión de suma relevancia: no hay una única forma de ser docente, sino casi tantas como enseñantes y otro tanto vale decir respecto a las y los aprendices. Ahora bien, la descolonización de las grandes líneas de formación del profesorado tiene no pocos riesgos, máxime en una sociedad tan desregulada como la nuestra. Aunque reparando en el subtexto de lo que sigue, puede pensarse en una estrategia con la que modular formas y colores, ya enunciada pero poco ensayada. Nos referimos al planteamiento de Paulo Freire cuando mantiene que a la pedagogía de la respuesta se le ha acabado su tiempo, ahora es "necesario desarrollar una pedagogía de la pregunta".

Hay demasiados indicios que invitan a pensar que el viento se ha llevado las respuestas con soluciones al abandono escolar, al fracaso, a la violencia, a la exclusión o a la desigual distribución de las oportunidades. De modo que los distintos agentes vinculados con la institución escolar, de una manera u otra, deben preguntar por qué siguen manteniéndose tantas asimetrías y desequilibrios en los ámbitos educativos.

Tal como mantiene un histórico estudioso del currículum, nos referimos a W.F. Pinar, aquel no es más que el conjunto de pensamientos y experiencias de estudiantes y profesorado. Es lo que fluye en la relación compleja y tensa activada en las aulas escolares en cada sesión de trabajo y que tantos jirones arranca entre quienes intervienen. De manera que ha llegado el momento de poner en marcha la pedagogía de las preguntas a fin de contribuir a repensar el contexto e impulsar su transformación, pues como reza el dictum marxiano no es suficiente con interpretar el mundo, es necesario transformarlo.

A partir del intercambio de palabras y pensamientos, de preguntas y observaciones surgirán proyectos transformadores de las condiciones en las que se vive la experiencia de enseñar y la de aprender a contar y contarse para prolongar la propia existencia. Esta "autorreflexión crítica", como la califica Adorno, ha de iniciarse desde la primera infancia para que la toma de conciencia evite la repetición de acontecimientos tan traumáticos como el de Auschwitz. Si se logra este objetivo, entonces la respuesta ya no estará en el viento, sino entre la ciudadanía que será capaz de preguntarse por cuanto sucede a su alrededor.

Es, pues, el momento de dejarles leyendo los capítulos que siguen, con la convicción que les removerán los recuerdos y vivencias del paso por las aulas escolares. Es la oportunidad de lanzar preguntas sobre la trascendencia de la figura docente y por la repercusión que tiene en nuestras vidas, al tiempo que emerge la dificultad que entraña el encontrar un modelo universal de formación. Circunstancia que invita a ceder la palabra a docentes y discentes para que dialoguen a través de sus vivencias y recuerdos. Como mantiene Freire la palabra verdadera es la "unión inquebrantable entre la acción y la reflexión". El vínculo entre una y otra es fundamental para que las preguntas adquieran capacidad de transformación del contexto en el que se mueven.

Con atención y libres de apriorismos tomen este collage que nos ofrecen las coordinadoras y así poder captar los significados que emanan de la composición y de los destellos de cada gesto o comentario de cualquiera de las y los participantes. De modo que su paseo por esta obra, con aportaciones de uno y otro lado del Atlántico, les proporcione emociones e historias familiares con las que entender mejor el presente y prepararse para un futuro cada vez más complejo. Si como dice Milan Kundera, "el porvenir no es nada real" entonces habrá que continuar planteando preguntas orientadas a repensar cómo se aprende a ser docente y a ser discente.

Ángel San Martín Alonso

Dpto. Didáctica y Organización Escolar

Universitat de València

# Bloque I
## Maestros en el contexto español

# Capítulo 1. Aprendiendo de una maestra de Pedagogía Terapéutica de Infantil y Primaria recién jubilada

## Anna María Fuentes

*Carta a mi joven maestra*

*Remitente: De un satisfecho espíritu docente en su jubilación.*

*Destinataria: A mi joven entusiasta e inexperta ante su futuro profesional.*

¡Hola mi buena Ana Mari!

Tras el paso ya por mi vida profesional, como maestra de Primaria durante 43 años, me dirijo a ti, esa joven entusiasta que decidió diplomarse en Profesorado de Educación General Básica especialidad Ciencias.

¡Cuánto hemos cambiado y aprendido a lo largo de nuestra carrera profesional! El propósito de mi escrito, es el de analizar qué ha significado para nosotras tu elección de ser maestra, esa elección que realizaste tan ilusionada, pero con un gran desconocimiento de lo que ello te iba a deparar.

Una sin la otra, no hubiésemos podido lograr el hecho de haber vivido y sentido esta profesión como nuestra mejor opción de vida.

Ahora te nombro como "mi joven entusiasta e inexperta maestra Ana Mari de 19 años" que inició su primer empleo de maestra bastante asustada e insegura, a pesar de haber recibido una gran formación teórica y práctica inusual en sus tiempos en la Universidad Autónoma de Barcelona en el año 1975, al cursar su diplomatura de Magisterio. Yo me reconozco actualmente como tu mujer del futuro, y me autodenomino: "un satisfecho espíritu docente en su jubilación ", el que ha realizado su balance personal y profesional y se considera muy afortunada por tu elección. Quizás, si volviera nuestro yo a regresar a esta vida, volveríamos ambas, sin dudar, a ser de nuevo maestras.

Recordarás sin duda, aquellos tiempos revueltos en los que dudabas entre estudiar Magisterio o Biológicas. Qué incertidumbre sentiste ante el dilema de cuál sería la mejor opción. En principio, no tenías clara una vocación definida, solo sabías que te gustaba estudiar más, cuidar y enseñar. También parecía que te gustaban los niños, te había gustado ayudar a tus vecinitos en los deberes escolares y hacer en ocasiones de canguro. Tú vocación inicial, aún estaba latente, pero no estaba definida.

En aquel tiempo te informaste tú sola de tus posibles elecciones de estudios universitarios. No tuviste ayuda, ya que aún no existía la figura de los orientadores pedagógicos en el instituto, ni tan siquiera los profesores os aconsejaban, y tu entorno familiar tampoco supo ayudarte.

Demos ambas las gracias a tu encuentro fortuito en la panadería del barrio con Maritere, una compañera de COU del barrio. Ella te informó de que en la Universidad Autónoma había un gran equipo de formadores de maestros de la Institución Rosa Sensat, que utilizaban metodologías muy novedosas. Todo aquello te fascino y ya decidiste matricularte en Magisterio.

¡En esos momentos, joven mía, decidiste nuestro futuro y el camino que iniciabas! Actuaste por intuición, con un acto de fe y de confianza, y sin duda acertaste. ¡Te felicito mi chica!

Empezaste ya a tejer poco a poco tu vocación y se iniciaron las ansias de ejercer como maestra de Primaria.

Recibiste, así pues, una formación experimental, novedosa y de gran calidad. Vivenciaste un programa activo, implicado con trabajos en equipo de investigación. Gozaste en tus prácticas escolares anuales en escuelas de Pedagogía Activa que trabajaban a partir de los intereses de los alumnos y de sus necesidades. Y también practicaste en una escuela piloto de Pedagogía Operatoria del Ayuntamiento de Barcelona en la que ya trabajaban por proyectos, realizaban asambleas escolares y existía una participación e implicación activa de las familias en la escuela.

¡Qué lujo en aquellos tiempos! Todo ello te llevó a reafirmarte en tu elección de ser maestra. Empezaba ya tu tiempo de llenar tu mochila pedagógica, con herramientas funcionales que te ayudarían en tu futuro ejercicio profesional.

Recordarás sin duda, el momento en que ya Diplomada encontraste tu primer empleo como sustituta durante un curso en una escuela privada progresista y activa. Tuviste que enfrentarte a todas las materias del programa, lidiar tu sola, sin ayuda de especialistas que en aquel tiempo eran inexistentes. Eras tan inexperta que te costó en un principio hacerte con tus 40 alumnos/as de 3º de EGB. En un principio estuviste muy sola, sin poder compartir ni tus temores, ni tus errores, ni tus dudas, ni tus carencias con tus compañeros. Además, las familias siempre te estaban pidiendo entrevistas para ser orientadas en la crianza de sus retoños. Claro estaba que manifestaban mucho interés y ganas de colaborar contigo; pero a ti todo aquello, en esos inicios de maestra, te quedaba bastante grande.

Tú sola ante tantos "peligros", te agobiaste enormemente. Quisiste huir en algunos momentos, tal vez hubiese sido lógico, pero no lo acertado. Aquello te sobrepasaba y lógicamente para salir airosa tuviste que empezar a echar mano de tus herramientas pedagógicas, a confiar en ti y a experimentar. Poco a poco con tu entusiasmo, con tu entrega, con tu ilusión y con tu amor a tus niños y niñas, saliste como era de esperar en ti, hacia adelante.

Aprendiste a solicitar ayuda a los compañeros por tu inexperiencia. Conseguiste ganar el cariño y la admiración de tus pequeños, habías conectado con la mayoría de las familias y aprendido a relacionarte bien con tus compañeros.

Tú y tu alumnado aprendisteis juntos a ser mejores y crecisteis como personas. Valió la pena haberlo pasado mal en un principio, para después, remontar afortunadamente tu vuelo de nuevo.

Acabaste tu primer curso de ejercicio profesional, celebrándolo con una gran fiesta para tu alumnado y sus familias.

Siento admiración por tu manifiesto coraje juvenil y me alegra muchísimo que no abandonaras nunca la profesión y te sintieras dispuesta a ir creciendo en la escuela.

¡Doy gracias a tu tesón, a tu paciencia, y a tu perseverancia en tu tarea!

¡Cuánto aprendizaje realizaste aquel curso con tu primer obstáculo pedagógico!

En conclusión, tuviste un buen y mal inicio, que te llevó a coger tablas para seguir en el quehacer que habías ya decidido que nunca abandonarías.

Quiero agradecerte que posteriormente decidieras opositar para ingresar en la escuela Pública donde has ejercido tus 43 años de carrera profesional, siempre en zonas preferentemente desfavorecidas con gran tasa de alumnado con dificultades de aprendizaje, actualmente denominados alumnado con necesidades educativas especiales.

¡Fue muy buena decisión mi chica! Te felicito de nuevo. Tu decisión nos ha marcado muy positivamente a ambas toda nuestra vida profesional. Hemos gozado de una carrera llena de estímulos, retos y de grandes satisfacciones profesionales y personales.

En la escuela pública que ingresaste de Primaria en Santa Coloma de Gramanet (Barcelona) donde obtuviste tu plaza como funcionaria de carrera estuviste diez años de tu juventud, dedicada en cuerpo y alma a hijos de inmigrantes andaluces, de clase desfavorecida. Todo ello, representó para ti un gran reto profesional.

Más tarde, como seguías mostrando una gran sensibilidad en especial para ayudar a tu alumnado desfavorecido, decidiste ampliar tus conocimientos pedagógicos. Así que acertadamente te matriculaste en la Facultad de Filosofía y Ciencias del Educación - Pedagogía de Barcelona. Esto fue una excelente decisión, pues adquiriste una formación complementaria que te ayudó a atender de forma más satisfactoria a tu alumnado.

Siento ahora gran admiración hacia ti por el esfuerzo que realizaste. Después de toda la jornada laboral, acudías a las clases de la universidad de lunes a viernes y los fines de semana te dedicabas a estudiar y a preparar las clases de la escuela.

Mi enhorabuena por haberte licenciado, en el año 1986, como Pedagoga con la especialidad de Pedagogía Terapéutica. Recordarás, sin duda, que gracias a los estudios de Pedagogía iniciaste unas verdaderas amistades con tus queridos compañeros/as de facultad, que actualmente aún conservo. Eran también buenos maestros con ansias de mejorar y formasteis un buen equipo de trabajo y ayuda para poder acabar juntos vuestra Licenciatura.

En aquellos años aún te quedaba tiempo, como siempre a mí, para seguir recargando tu mochila pedagógica con formaciones teórico-prácticas en equipos de la escuela o en entidades formadoras. Eran tiempos de gran movimiento y renovación Pedagógica en la escuela pública catalana.

¡Cuánto aprendiste y te nutriste! Todo ello, te sirvió para tus años de juventud y lógicamente a mí también, para mi ejercicio posterior.

Cuando ya llevabas 10 años de maestra de Primaria tan satisfactorios, vinieron cambios considerados por ti en un principio muy drásticos. La vida te lleva a decidir concursar a

Torrent (Valencia) para seguir estando junto a tu pareja. ¡Fue muy duro el abandonar tu ciudad natal, familia, amistades, compañeros de trabajo!

¡Qué difícil te resultó tener que abandonar todo lo conocido, para empezar nueva etapa profesional en un nuevo destino! El cambio lo hiciste por amor y para crear tu propia familia con el hombre de nuestra vida.

En esta época tú mi joven Ana Mari, maestra de Primaria, te quedaste en Barcelona, y fuiste relevada por mí: Anna, maestra de Pedagogía Terapéutica (PT).

Te he de informar que, a nivel personal, ha ido todo de maravilla, no me equivoqué con mi decisión. He estado felizmente casada y he tenido unas hijas estupendas.

Sin embargo, he de transmitirte que a nivel profesional perdí, en un inicio mucho. Aterricé en una escuela pública valenciana muy diferente de las que tú habías conocido y trabajado. En un principio, me costó adaptarme al cambio por muchos motivos. La escuela era de corte tradicional, ya no tenía mi tutoría y como era la única especialista del colegio para atender las dificultades del alumnado, me tuve que rehacer sola profesionalmente.

Dado que había heredado de ti todo el bagaje profesional y personal pude sobreponerme y actuar. En vez de refugiarme en las quejas y los lamentos, comencé muy poco a poco a innovar sin que se notara mucho para que fuera bien acogido. Y mostrando logros y avances en mi alumnado, mi labor empezó a ser más ser reconocida por algunos compañeros.

Me monté mi clase como un laboratorio escolar, con diversos materiales didácticos, la distribuí por rincones de trabajo. Proporcioné a mi alumnado aprendizajes significativos para desbloquearlos e incluí variados recursos metodológicos. Potencié la escucha activa con mi alumnado, así ellos me daban la pista para acompañarlos y proporcionarles situaciones enriquecedoras de aprendizaje. Mi objetivo primordial, era que se iniciaran en sus aprendizajes de forma más óptima y pudieran así estar incluidos en mi centro ordinario. Quería que progresasen para evitar a toda costa, que fueran derivados a Centro Específico de Educación Especial.

Trabajando esos años de esta manera, acumulé diversas experiencias pedagógicas, recopilé materiales y realicé propuestas de trabajo alternativo. Todo ello sirvió de base, para iniciar al cabo de unos años, la puesta en marcha del Proyecto de Teatro terapéutico -inclusivo en nuestro centro. Inicialmente fue con la especialista de Audición y Lenguaje (AL) que asignaron al centro y después se amplió el proyecto con la colaboración del resto de especialistas de PT, AL y Compensación Educativa (CE) que en cursos posteriores fueron adjudicando al centro. Más tarde logramos incluir a parte del profesorado y alumnado del Primer Ciclo.

Actualmente, valoro nuestro cambio como muy positivo. Salimos de la zona de confort, y eso significó el tener una gran oportunidad para innovar y avanzar. Tengo que confesar que he estado muy gozosa todos los días de mi vida en el cole al sentirme útil y querida por mis alumnos, familias y compañeros que compartían y colaboraban con mis proyectos. He sido con orgullo Anna de PT (Pedagogía Terapéutica).

Durante mis dos años que estoy jubilada, he seguido estudiando como alumna Senior en la UPV de Valencia. He participado en un Proyecto intergeneracional de la universidad, con la realización de un taller motivador para aumentar la vocación de futuras maestras y pedagogas en la Universidad privada CES Don Bosco de Madrid.

Recientemente he impartido una conferencia a futuros maestros en la Universidad de Valencia, sobre la eficacia del Proyecto inclusivo del teatro de nuestro colegio apoyado en el testimonio actual de nuestro ex alumnado. He sentido una gran satisfacción y alegría al constatar que nuestros alumnos valoran muy positivamente su participación y sus logros a través del teatro escolar.

Me encanta el hecho de no abandonar aún las aulas, considero que ambas, hemos venido a este mundo a enseñar y educar toda nuestra vida y ello nos colma de gran satisfacción.

"Sin más, me despido de ti, sintiendo que tú compartes lo mismo que yo y te agradezco el haberme acompañado siempre. Gracias a ti he podido llegar a afrontar mis últimas etapas de madurez profesional con la máxima vocación de maestra. Te llevaré siempre conmigo. Te quiero preciosa, estoy muy agradecida a ti y a tu decisión de ser maestra."

P.D: Agradezco a nuestra nietecita Ilaia que, con su primer añito de vida, me reafirma cada vez más, que cualquier infante, es portador de un gran espíritu investigador y que simplemente hemos de descubrirlo y acompañarlo en sus gozosas ansias de aprendizaje.

## *Lo que aprendí: experiencias exitosas y errores que cometí*

A lo largo de mis 43 años de mi carrera profesional como maestra de Primaria, y especialista de Primaria de Pedagogía Terapéutica, he aprendido a constatar que existen unos factores que aumentan considerablemente la probabilidad de que nuestra labor sea más exitosa y de que aumenten nuestra motivación y satisfacción profesional.

Entre los factores que destacaría como más básicos para lograr la mejora de nuestro aprendizaje como docentes, citaría los siguientes:

a) La necesidad de adquirir una formación continuada, mediante la realización de cursos, seminarios, jornadas pedagógicas, formación en el propio centro e intercentros. Siendo muy recomendados, aquellos en los que la participación se realiza con el equipo de trabajo: las experiencias piloto y los proyectos de innovación.

Ampliando nuestra formación indudablemente, se crece profesionalmente, y se adquieren más "tablas" para motivar al alumnado, así como también se aumenta nuestra seguridad y confianza en el ejercicio de nuestra profesión.

b) Adquisición un buen grado de optimismo pedagógico para animarse y transmitir ese optimismo a los demás agentes educativos.

c) Potenciación del trabajo en equipo. Es necesario huir de nuestra tendencia de ser individualistas en nuestro ejercicio docente.

d) Llevar la vida a la escuela y la escuela a la vida; de esta manera es más probable que se consiga un alumnado y un profesorado motivado.

e) Realización de una evaluación continuada de todas las intervenciones educativas y de todos los agentes educativos intervinientes con el objetivo de saber su eficacia y tener oportunidad de mejorarlas.

También he aprendido a considerar que han de potenciarse unas aptitudes profesionales para llegar a ser cada día mejor docente. Entre ellas, destacaría a continuación las que siento como las más imprescindibles:

a) Ser responsable de lo que haces y de la forma en que lo haces.

b) Ser capaz de estar motivado y motivar a tu alumnado para promover la curiosidad ante los aprendizajes mutuos que se dan en toda intervención educativa.

c) Ser capaz de transmitir pasión por el aprendizaje.

d) Mostrar capacidad de observación, paciencia, empatía y humildad.

e) Mostrar sensibilidad para la detección y adaptación, especialmente al alumnado diverso con diferentes capacidades y necesidades.

f) Ser defensor de la escuela inclusiva, con la existencia de una adecuada dotación de recursos personales y materiales.

g) Tener capacidad para desarrollar y diseñar clases activas con escenarios diversos.

h) Ser capaz de utilizar diferentes metodologías y estrategias educativas.

i) Potenciar la escucha activa.

La docencia es susceptible a la vez de éxitos y errores pedagógicos que se van alternando en nuestra práctica escolar. Considero que se aprende igual de los errores que de los éxitos. Se ha de ser capaz de aceptar y de analizar nuestros propios errores y el de los demás; llegando a ser capaz de transformar nuestros errores en experiencias provechosas que nos van a permitir mejorar y ampliar aprendizajes en nuestro el proceso educativo. Por lo que, animo a confesar siempre nuestras prácticas docentes erróneas, pues ello nos va a permitir analizar sus causas y consecuencias, para llegar finalmente a avanzar profesionalmente que es lo que más interesa.

Hemos de mantener una actitud positiva para nunca darnos por vencidos. Considerar que nuestra práctica puede mejorar si aprendemos principalmente de nuestros errores. Dado que con nuestras prácticas más exitosas el avance viene dado por sí solo.

A continuación, paso a narrar las experiencias pedagógicas, que recuerdo que me han aportado mayores avances y aprendizajes.

### *Experiencias pedagógicas más exitosas*

Definiría a mi entender, como "experiencias más exitosas" aquellas que en mayor grado han motivado y provocado cambios positivos en al alumnado, profesorado y familias. Aquellas que han nacido de un proyecto común de trabajo y que han sido claramente novedosas en nuestro marco escolar habitual. También incluiría aquellas experiencias que finalmente han conseguido que el equipo de maestros haya aumentado sus estímulos y deseos de seguir innovando.

Siendo estas experiencias las que te dan un "empujón pedagógico" para continuar, las que te van llenando tu mochila pedagógica para afrontar de forma más positiva los nuevos retos y te hacen avanzar por si solas, en tus procesos de enseñanza-aprendizaje, siendo recomendable recibir estos éxitos con humildad.

De mi trayectoria profesional he querido destacar las dos siguientes, enmarcadas una en los primeros años de ejercicio y la otra en mi última etapa.

<u>1ª Experiencia: Introducción de la inmersión en catalán del aprendizaje en el primer ciclo</u>

Estaba trabajando en el año 1980 en una escuela pública de Santa Coloma de Gramanet (Barcelona) una ciudad dormitorio del extrarradio de la ciudad de Barcelona; una zona desfavorecida y con graves problemas sociales y económicos. Mis alumnos eran escolares de Primer Ciclo de Primaria, con gran atraso escolar, que provenían de familias inmigrantes de Andalucía, con una población escolar con total desconocimiento del catalán y con un nivel muy bajo de lenguaje en su lengua materna.

Se inició en aquella época el Proyecto escolar de la inmersión en catalán en las escuelas públicas. Para la Administración catalana era una prioridad clara el introducir la enseñanza en catalán en las escuelas públicas de Primaria y el formar al profesorado para que esta experiencia tuviera éxito. Fue un reto profesional muy difícil en mi escuela. ¿Cómo se podía lograr? Fui afortunada de ser seleccionada en el centro, como profesora para participar en la formación de la enseñanza en catalán para alumnado no catalanoparlante. Enviaron un sustituto durante ese curso escolar, un día a la semana a mi clase y así en ese día recibía formación teórica-práctica y acudía a visitar escuelas piloto en esta experiencia.

Realizamos con maestros de la zona, talleres de formación teórico-práctica, fundamentalmente a cargo de maestros activos de escuelas piloto que llevaban ya años de experiencias en inmersión en catalán. Nos proporcionaban conocimientos para elaboración de materiales adecuados que preparábamos en equipos de trabajo, para después aplicarlos en nuestras respectivas aulas.

Todo el aprendizaje adquirido, junto con los materiales confeccionados, los transmitíamos a nuestro equipo de Ciclo para que ellos también lo aplicarán. Así pues, adquirimos el compromiso de formarnos para mejorar todos y realizamos conjuntamente las correspondientes programaciones de aula adaptadas a nuestro alumnado y a sus necesidades.

Para mí y mis compañeros, significó un gran avance profesional el participar en esa gran experiencia formadora profesional tan funcional que me proporcionó el llevar a cabo un ejercicio profesional más adecuado y óptimo.

Nuestro alumnado se inició en el aprendizaje en catalán y se pudo constatar a lo largo de diez cursos que estuve en ese centro que la experiencia fue exitosa y que los alumnos sí aprendían en catalán y mejoraban poco a poco. A su vez, aumentaba su integración escolar y social a todos los niveles y aceptaban de muy buen grado su segunda lengua. Ayudó bastante el realizar paralelamente escuela para padres para el aprendizaje del catalán, dado que las familias también desconocían la lengua se notó un cambio de actitud, más positivo hacia el catalán y aumentó la colaboración en la escuela.

<u>2ª Experiencia exitosa: Proyecto de Teatro Terapéutico - Inclusivo</u>

En mi escuela de Torrent (Valencia), en la que ejercí durante 33 años como especialista de Primaria de Pedagoga Terapéutica, iniciamos nuestro proyecto "A escena". Se inició con la especialista de Audición y Lenguaje y yo, la especialista de Pedagogía Terapéutica. Quisimos coordinar nuestros esfuerzos dado que compartíamos alumnado que acudía a nuestras respectivas aulas y estábamos algo aburridas con el trabajo puramente sistemático que se esperaba de nosotras. Tuvimos el firme propósito de querer mejorar y motivar a nuestro alumnado con necesidades educativas especiales. El proyecto no estaba diseñado para lograr un buen estreno espectacular de la obra de teatro, eso era secundario. El teatro era la excusa para poner en acción un proyecto vivenciado y asimilado durante el proceso de preparación. Nuestra meta era en el camino a recorrer.

Esta experiencia la presentamos en un concurso escolar y fue premiada con una dotación económica importante. Ello nos permitió adquirir materiales adecuados y asegurarnos en buenas condiciones la continuación del proyecto a todos los niveles. Obtuvimos así nuestro propio reconocimiento y el de los demás, para seguir trabajando animadas con el proyecto en los posteriores cursos.

Más tarde, cuando ampliaron la dotación de plantilla de profesorado, con nuevas especialistas de PT, AL y CE, para atender la gran diversidad de alumnado que llegó la escuela, aumentamos el número de profesoras y alumnado participante, que compartieron junto a nosotras la ilusión por innovar. Formamos un gran equipo de trabajo, dado que compartíamos los mismos ideales. Logramos incluso que el resto de profesorado del Primer Ciclo se implicará con su alumnado en la experiencia. Utilizamos el teatro como una estrategia pedagógica, lúdica, motivadora, transversal y multidisciplinar, para lograr avances más positivos en nuestro alumnado, en sus aprendizajes, en sus familias y en su profesorado.

Nos considerábamos profesionales de la educación, generadoras de actividades diversas y llevamos a cabo este trabajo partiendo de nuestra experiencia, Concebíamos la escuela como un lugar para aprender a pensar de manera compartida con los demás, y queríamos entre todos buscar estrategias para dar respuesta a las diferentes situaciones de aprendizaje.

Teníamos presente que las diferencias entre el alumnado no es un obstáculo, sino que enriquece a todos los que forman parte de la Comunidad Educativa y que la educación es una actividad compartida

Entre los objetivos conseguidos más destacadas mencionaría: potenciar la adquisición del valenciano a nivel oral y escrito, aumentar la motivación por los aprendizajes, impulsar la colaboración de las familias y del profesorado, aumentar el uso de las nuevas tecnologías, disminuir el absentismo escolar, favorecer el trabajo cooperativo, despertar interés por la lectura y escritura, conectar con el aprendizaje del resto de materias curriculares y aumentar el grado de inclusión de nuestro alumnado.

Este proyecto realmente, ha logrado la consecución de la mayoría de objetivos programados para todo nuestro alumnado y ha logrado llegar a valorar la diversidad como un enriquecimiento de la escuela y a afrontar las necesidades educativas de nuestro alumnado de una forma más eficaz.

### *Experiencias "erróneas"*

A lo largo de nuestra trayectoria profesional existen "experiencias erróneas" en el sentido de ser "menos acertadas que otras", que las entenderíamos como aquellas en las que no te sientes tan satisfecha, que te han hecho sentir desanimada y consecuentemente son susceptibles de mejora.

Las causas normalmente han sido diversas y conviene analizarlas en profundidad. Podrían deberse en parte, a que nuestra intervención no ha conseguido remontar a todo tu alumnado, o no se ha conseguido gran parte de los objetivos programados, o no se han podido mejorar algunos aspectos en alumnado, en las familias y en los compañeros.

Por suerte, estas experiencias y las emociones que he sentido, han sido transitorias y curso a curso se ha realizado un corte necesario para "resetear "a final de curso. Así al inicio del nuevo curso, se origina una nueva oportunidad de actuar, con fuerzas renovadas y establecen nuevos propósitos que te ayudan muchísimo a mejorar y crecer profesionalmente.

Entre los aspectos, que, a mi entender, quizás puedan llevar a generar con mayor probabilidad dirigirnos a experiencias menos acertadas, cabría destacar: la competitividad entre maestros, el trabajo individualista, el rechazo al cambio, la acomodación en la zona de confort, el culpabilizar a los demás, los entresijos escolares adversos y el negar los cambios.

De mi trayectoria profesional he querido destacar la siguiente, enmarcada en mi primer año de ejercicio. Fue para mí muy decisiva, en algún momento, tuve la certeza de que me había equivocado de profesión y tuve tentaciones de abandonar.

Experiencia más errónea:  Primer curso de maestra

Me inicié en una escuela privada activa de Barcelona con 19 años, era muy joven. Estaba bien formada, ilusionada, pero a la vez muy insegura. Trabajé muy sola y me sentía poco capaz al iniciar el curso. Tuve que lidiar con 40 alumnos de 3º de EGB, en una escuela activa y progresista. Tenía la supuesta certeza inicial que mi experiencia estaba siendo bastante desacertada y bastante caótica; es decir, "muy supuestamente errónea".

Tenía la inicial convicción, por supuesto también errónea, de que no podía ni mostrar ni compartir ni mis temores, ni mis errores, ni mis dudas, ni mis carencias con los compañeros; y que tenía que demostrar a los demás mi supuesta y esperable gran seguridad.

Todo el cúmulo de vivencias experimentadas, acompañadas de mis creencias erróneas, me llevaron a un desánimo y "pesimismo pedagógico" y a creerme que me había equivocado de profesión.

Mi máximo sufrimiento me vino cuando tuve mi primera evaluación de mis alumnos, ya entonces se tenía que realizar con un informe escrito cualitativo que reflejara los avances de mis alumnos para sus familias. ¿Cómo podría hacerlo? No tenía ni idea

Quise huir, tal vez hubiese sido lógico, pero no acertado. Aquello me sobrepasaba, nadie me había enseñado a ello. Menos mal que había llevado un buen registro de observaciones de aula y alumnado. También me había dedicado con una especial atención a aquel alumnado con dificultades, con el objetivo de que se incluyeran y disfrutarán al máximo de nuestras actividades grupales. Sabía más de ellos de lo que imaginaba y no habían sido tan horribles mis acciones.

Me decidí a pedir ayuda a mis compañeros, aceptando y confesando mi inexperiencia. Por supuesto, que me comprendieron y me ayudaron de buen grado. Valoré que podía remontar, que valía la pena luchar por el cariño que ya tenía a aquellas personitas de mi clase. Entregué ya muy satisfecha mis primeros informes y ya se empezaron a disipar mis temores y creencias erróneas. Pude reflexionar y compartir lo que me había pasado. Era fruto de mi lógica inexperiencia en mi primer ejercicio profesional. Fui avanzando y ya participar más activamente en todas las reuniones que se realizaban evaluativas, didácticas, tutorías, claustros…

Empezaba ya, a sentirme parte de mi escuela, me ayudó el reflexionar sobre mis errores iniciales y a utilizarlos para crecer profesionalmente. Y a su vez también a reconocer mis aciertos. Todo ello contribuyó a irme sintiéndome cada vez más segura en mi práctica.

Me reconocí todo lo positivo que había logrado: entregar los informes, elaborar materiales adecuados a los diferentes niveles, ganar el cariño y admiración de mis pequeños, el haber conectado positivamente con la mayoría de familias... Tantos logros, no podían llevarme a la huida y a la desesperación. Puse coraje y salí triunfante de mi primer derrumbe. Estaba ya dispuesta a afrontar nuevos retos para así obtener mayores aprendizajes. Afortunadamente, pude llegar a final de curso, bastante más recuperada y mejorada. Acabé mi primer curso satisfecha y me despedí con una gran fiesta para mi alumnado y sus familias.

Considero muy habitual el inicio de la docencia como una experiencia más o menos traumática en la mayoría de docentes por diversas razones, lo que considero se podría subsanar asignado a cada maestro en su primer curso de ejercicio profesional a otro con experiencia, para estar acompañado por la figura del mentor escolar. Para realizar un acompañamiento y asesoramiento en su aprendizaje inicial y poder progresar de forma más adecuada. De esta forma, se podrían garantizar unos inicios más satisfactorios.

*A modo de conclusión: Reflexiones de una maestra de Primaria*

Aprendí que, si te adaptas a tu alumnado, pones ilusión y amor en tu tarea consigues tus metas.

Nuestra misión de educar y cuidar es la mejor posible que puedes ejercer.

Nuestra profesión puede parecer desde fuera sencilla, pero es una de las que más retos profesionales presenta.

No puede existir dedicación más hermosa que está para mí, pues aún hoy me mantiene activa e ilusionada.

Mi reencuentro con mis exalumnos y sus familias ha sido una de las experiencias más gratificantes y felices que he podido experimentar. Sus abrazos y sonrisas sinceras me han colmado de satisfacción de haber sido y seguir siendo su maestra Anna.

Sus testimonios me han servido para reafirmarme en considerar que aquellas experiencias que realizas con tu alumnado con ilusión y entusiasmo compartido, son aquellas que funcionan y es necesario potenciar.


## Testimonio del alumnado

María Serna

Tengo 20 años y ahora mismo estoy estudiando 1º del Grado Medio de Atención a Personas en Situación de Dependencia. Con el proyecto de teatro en el Colegio Centro Virgen del Rosario mi profesora Anna de Pedagogía Terapéutica desarrolló el aprendizaje con el teatro y así se nos hizo más fácil leer, confiar en nosotros a través del teatro, nos enseñó que puedes aprender de manera divertida. Y ahora estoy estudiando. Y con lo del teatro me ha servido mucho para confiar en mí misma. Me ha servido mucho porque he mejorado mucho, tanto a la hora de expresarme como a la hora de trabajar en equipo.

Naima

Tengo 16 años. Estoy en tercero de la ESO. Yo estuve en el Colegio Virgen del Rosario con la maestra Anna. Hice muchos teatros con ella. Me lo pasé muy bien, me ayudó a perder la vergüenza, me ayudó en mis estudios, a aprender valenciano, a relacionarme con la gente. Recuerdo de los teatros que me lo pasaba muy bien, me hacía muy feliz. Y me sentía muy cómoda y alegre. Mis padres se sentían muy orgullosos de mí, muy felices. Mi abuela también participó. Y tengo recuerdos muy bonitos.

Nerea

Voy a tercero de la ESO. Estudié en el Virgen del Rosario con mi maestra Anna. Me ayudó con el teatro a perder la vergüenza porque me costaba hablar. Me gustó mucho participar en ese teatro y aprendí mucho vocabulario en valenciano. Me sentía genial al participar en el proyecto de teatro porque me gustaba actuar.

Anna es muy buena persona, amable, cariñosa, alguien en quien confiar y pasar el tiempo con ella bien.

Recomiendo a un niño o niña en una escuela que se apunte a hacer teatro porque se aprende mucho a leer, se aprende mucho vocabulario, pierdes la vergüenza y que se sentirá muy segura.

A mí me ha ayudado a esforzarme mucho, porque es lo que me hacía esforzarme, para aprender las cosas que yo soy capaz de aprender.

Aicha

Vengo a contaros mi experiencia con el teatro, con Colorín Colorado.

Cuando yo estaba en el colegio tuve la oportunidad magnífica de participar en el teatro y fue una experiencia que me aportó muchísimo.

Actualmente, me he mudado a Francia y ya no vivo en España. Estoy estudiando ahora el idioma francés en la Universidad y, más tarde no sé qué hacer... pero bueno, supongo que una de mis opciones es continuar con estudios en idioma, es decir, hacer una licenciatura en español, inglés o tal vez seguir con el camino de la ciencia, ya que, yo hice un bachillerato científico.

Hoy vengo a contaros mi experiencia en el teatro.

En el colegio participé en el teatro en varias obras. La última en la que participé fue en Pinocho, fue la obra que me marcó más, la obra con la que me divertí muchísimo. Que si no recuerdo mal fue en quinto o en sexto... Entonces fue el último curso en el colegio, por tanto, era una obra muy importante. Yo jugaba un papel muy importante y jugaba con compañeros con los que me llevaba bastante bien. Fue una experiencia muy importante, me ayudó muchísimo. Actué anteriormente, había actuado en más obras. Ahora realmente no me acuerdo de los papeles, porque eran papeles tal vez muy pequeños o las obras son de hace tanto tiempo que no me acuerdo, pero siempre tuve papeles como la vecina o bueno cosas así (secundarios). También participé en una obra que me acuerdo muy bien, que trataban sobre poemas (Gloria Fuertes) y nos tocaba recitar poemas y hacer actuaciones. Estas obras también fueron muy importantes, además que el colegio nos proporcionaba actuar en grandes escenarios. Algo que era muy importante, y siempre actuábamos en el ayuntamiento o incluso invitábamos a otros colegios, entonces la cosa no residía solo en hacer una obra de teatro a tus compañeros. A mí me ponía más nerviosa actuar enfrente de mis compañeros y de mi profesora, que delante de los padres o delante de otros colegios que no nos conocían.

El teatro me aportó muchísimo en su momento, pues me divirtió, me ayudó pues como a ser una buena alumna ¿no? porque la responsabilidad del hecho de memorizar textos era muy importante y ayudaba muchísimo.

Ahora lo que me ha hecho son dos cosas. La primera es que lo recuerdo con un como un bonito recuerdo y siempre lo tengo como una bonita experiencia de la que estoy muy orgullosa, que cuento siempre, o sea siempre si me toca presentarme digo pues yo hice teatro, fue una de las experiencias que me gustó muchísimo. La segunda cosa que me aportó es saltar ese miedo al escenario y tener la iniciativa. Y buscar siempre los grandes públicos porque el teatro me regaló el hecho de que me guste llevar a cabo esas actividades, por ejemplo, tanto en el Instituto como por ejemplo ahora siempre yo era de las de las primeras que daba la iniciativa o levantaba la mano para hacer actuaciones, para hacer discursos, cosas así. Actualmente, me ayudó muchísimo, dado que mudarse a un país nuevo donde tú no conoces el idioma, pues es muy importante el hecho de lanzarte y muchas veces también pues al ser malentendida, pues te ayudas con hacer teatro básicamente.

Y bueno, fue una experiencia muy bonita y creo que sobre todo en los colegios y en el Instituto también tuve la pena que en el Instituto no hice más este tipo de actividades.

Yo creo que estas actividades ayudan muchísimo al alumnado ¿por qué? Porque está bien aprender matemáticas. Está bien aprender historia está muy bien, pero el teatro es una forma que veo más directa de que el niño aprenda algo que más tarde sí que le será muy útil... simplemente seguro que lo pasará bien y le regalarás al niño o al estudiante esa responsabilidad. Y eso está muy bien. Y el hecho de estudiar un papel que después vas a actuar y lo tienes que hacer bien, no es simplemente estudiar para un examen y después olvidarte.

Y yo creo que está muy bien, sobre todo para esos niños y niñas que son más más tímidos y para darles ese empujón, porque tal vez no siempre estarán con la misma clase con la que estuvieron o con el mismo profesor. La vida cambia, subes al instituto, después del Instituto al estudio superior, que es todo un mundo. El Mundo en sí ¿sabes? También el hecho de que vas a llegar a un punto donde vas a tener que presentarte, venderte de una manera u otra, de pasar entrevistas de trabajo. El hecho de enfrentarte a público, de enfrenarte a responsabilidades, pues ayudó muchísimo, así que yo creo que sí, que es muy buena idea y muy buena inversión que los colegios, les institutos y que se hagan estas actividades, pues el teatro es una cosa muy bonita y agradezco mucho el equipo de profesores que en su momento hicieron posible esta actividad y además que fue algo de muy buen nivel.

Recuerdo que teníamos todo un equipo de vestuario, un equipo de música, y eso fue muy bonito, o sea, se notaba el esfuerzo. Es verdad que solo eran profesores y los alumnos también nos ayudaban, nos ayudábamos, pero se notaba el nivel, se notaba el trabajo, y además los alumnos siempre, siempre, siempre, todos mis compañeros se esforzaban muchísimo porque era como, pues vamos a hacer el teatro. Y bueno, pues ha sido muy bonito.

Agradezco a cada profesor y profesora que hicieron que yo tuviera esta experiencia y este recuerdo. Fue muy importante para mí y me sigue siendo muy útil, muy útil y despertó en mí el amor por el teatro, porque después de que obviamente ya no estoy haciendo teatro, pero sí que es verdad que las obras de teatro, el teatro, todo este tema me sigue atrayendo.

Y bueno, y muchas gracias, y espero que contar mi experiencia haya sido de agrado y que sea útil.

Muchas gracias Anna.

# Capítulo 2. Aprendiendo de un maestro de Educación Física y Director de Centro de Educación Primaria

## Salvador Tarín Moreno

### Carta al maestro que fui

*Remitente: El maestro que soy.*
*Destinatario: El maestro que fui.*

Querido yo de ayer.

Acabas de estrenar tus zapatillas de maestro y con ellas has iniciado un camino extraordinario. Sé que lo haces con una mochila llena de ilusión, responsabilidad y la poderosa energía del que está viviendo un sueño. También sé que dentro de veinte años sentirás que dispones de menos energía, pero serás capaz de centrarla en aquellas cuestiones te parecerán verdaderamente importantes. Me encantaría poder decirte cuales de las personas que se cruzarán en tu camino se convertirán en fundamentales, o qué acontecimientos te resultarán tremendamente positivos y cuales te generarán frustración, pero entonces nunca llegarías a ser lo que soy. No obstante, déjame contarte algo.

Al inicio de mi camino, pensaba que la metodología lo era todo. Tenía la sensación de que la estrategia con la que presentaba los contenidos, con la que pautaba las actividades, con la que gestionaba los espacios y los tiempos, eran la clave para conseguir aprendizajes significativos en el alumnado. Con el tiempo he descubierto que es mi capacidad para conectar mi corazón con el alumnado lo que obra la verdadera magia de la enseñanza. Hoy me esfuerzo por ser auténtico. Los niños y niñas detectan a kilómetros la falsedad, la incoherencia o la hipocresía. Me esfuerzo también por conocer a cada uno de ellos y ellas. Para acompañarlos de manera eficaz durante el descubrimiento de su verdadero potencial, es necesario saber de sus miedos, sus inquietudes, sus creencias y sus anhelos. Solo así podemos resultar de utilidad, para ellos y sus familias. Finalmente, me esfuerzo por estar presente y disponible todo el tiempo que pasamos juntos. Solo desde la seguridad que supone un adulto responsable y consciente, los niños y niñas pueden aventurarse en el territorio desconocido que la escuela les propone. Y esa presencia va más allá del tiempo en que soy su maestro tutor. Creo que cuando se es maestro o maestra se establece un vínculo que trasciende el espacio y el tiempo. Para mi alumnado, seré su maestro para siempre, y estaré ahí si me necesitan en algún momento.

Sé que como a mí, te asaltaran continuamente las dudas cuando entres al aula. Una vez me dijo José María Toro que el aula debería verse como un lugar sagrado en el que deberíamos entrar descalzos. Y estoy de acuerdo. En cualquier caso, sea cual sea la forma en que te aproximes al proceso de enseñanza y aprendizaje, hazlo siempre desde la evidencia científica. Yo no siempre lo hice, y en ocasiones me dejé llevar por planteamientos pedagógicos que me resultaban tremendamente atractivos por su novedad, o simplemente me limité a reproducir pautas preestablecidas sin pasarlas por un proceso de reflexión, o por el filtro de la evidencia. Los estudios científicos nos orientan respecto a lo que debemos hacer o evitar en el aula. Los maestros y las maestras trabajamos con material muy sensible y debemos ser tremendamente responsables y respetuosos. En este sentido, te animo a formarte en investigación, a diseñar tu mismo tus propios estudios y a llevarlos a término. Pequeñas investigaciones científicas que nazcan y desemboquen en la práctica. En mi caso, me especialicé en investigación de didácticas específicas y eso me ha aportado siempre una visión muy crítica respecto a las prácticas que se desarrollan en el aula. También me ha permitido elegir cuidadosamente y con criterio aquellas que he llevado a cabo con mi alumnado. Revisa con frecuencia tu propia práctica bajo esta mirada crítica y plantéate si lo que haces es verdaderamente consecuente con el objetivo que persigue. Te pondré un ejemplo. Habitualmente iniciaba el trabajo de la semana con una asamblea, con el objetivo de democratizar la organización del trabajo y permitir que el alumnado tomara decisiones respecto a esa organización. Pero el simple hecho de reunir a los alumnos y alumnas en círculo y compartir con ellos y ellas la planificación de la semana no significa que estuviera haciendo una asamblea. La asamblea de clase está definida como una actuación de éxito, pero ha de ser realizada siguiendo determinados parámetros para garantizar su eficacia. Fue después de llegar al CEP Rei En Jaume de Tavernes Blanques que me puse a recabar información respecto de cómo hacer correctamente la asamblea de clase. En Tavernes tenía compañeros y compañeras que hacía la asamblea de manera diferente a como yo la venia realizando. Las diferencias eras significativas y los resultados mejoraron en el momento en que realicé algunos cambios.

Con frecuencia, a lo largo del camino, te vas a encontrar con situaciones complejas de resolver. La mayor parte de estas situaciones no van a estar relacionadas con el currículum académico. Sin embargo, son situaciones con una gran carga emocional que, si no eres capaz de gestionar adecuadamente, irán minando tu motivación, tu energía, incluso tu salud. Desavenencias con compañeros y compañeras, con tu alumnado, o con sus familias, pondrán a prueba tu capacidad para gestionar los conflictos. El conflicto es inherente a las relaciones entre las personas. Yo con el tiempo he aprendido a verlo como una oportunidad de crecimiento. Durante mucho tiempo rehuí u oculté los conflictos, pero estos no desaparecían. Tan solo retrasaban su aparición o se hacían tan grandes que acababan enturbiándolo todo. Nuestra mejor opción siempre será transformar el conflicto en una oportunidad para aprender. En este sentido, revisa tus propias creencias y valores, aquellos que te limitan o entorpecen tus relaciones con los demás, y en especial con tus alumnos y alumnas. Aprende a identificar lo que es tuyo de lo que no lo es; a decidir lo que permites que te afecte y aquello de lo que decides protegerte; a medir con criterio saludable la proporcionalidad entre el conflicto y su efecto en tus emociones. Y siempre ten en cuenta que existe situaciones que quedan dentro de tu zona de influencia y otras que quedan fuera.

Pero si algo he aprendido con los años ha sido a confiar. Creo que los niños y las niñas tienen una capacidad de aprendizaje extraordinaria. Solemos decir, sin ser del todo conscientes del peso de la afirmación, que el alumnado aprende, en ocasiones, a pesar del profesorado. Al principio de mi carrera daba mis clases pendiente de mis papeles, de mi programación, de los registros, etc. Cuando planificaba lo hacía con anotaciones temporales de cada actividad: diez minutos para la asamblea, quince minutos para la exposición, veinte para los ejercicios, diez para las correcciones. Estaba tan pendiente de mis papeles que no levantaba la cabeza para ver a los verdaderos protagonistas. Poco a poco he ido desplazando mi atención de la programación al grupo, y del grupo a cada uno de sus componentes. Estoy aprendiendo a planificar creando situaciones ricas en las que cada cual pueda crecer a su ritmo y a su manera. Estoy aprendiendo a mirar más allá de "mis" objetivos para centrar la mirada en "sus" objetivos. Estoy aprendiendo a escuchar más y a hablar menos. Creo que el verdadero maestro es aquel que nunca pierde su condición de alumno, y para aprender no siempre es necesario invertir dinero en cursos, congresos y masters. En muchas ocasiones tenemos muy cerca a auténticos maestros y maestras. De quien más he aprendido en estos años es de mis propios compañeros y compañeras. He tenido la fortuna de coincidir con personas extraordinarias y generosas que han compartido conmigo su sabiduría, su experiencia y me han contagiado entusiasmo y alegría por enseñar. Ibana, Eduardo, Carolina o Mònica son algunas de esas personas a las que siempre les estaré agradecido.

Por último, pedirte que no tengas miedo a equivocarte. Pon el corazón y la cabeza en cada cosa que hagas y revisa tus principios cada vez que veas tambalearse tus metas. Recuerda que la única manera de salir de un callejón es regresar sobre tus propios pasos. Yo, tras más de veinte años dando clase, me levanto cada día ilusionado con mi trabajo, y llego al final del día tremendamente cansado, pero sintiéndome afortunado de lo vivido en el aula. Al fin y al cabo, la vida me puso a su servicio encomendándome la valiosa tarea de encender, proteger y avivar la llama que arde en el interior de cada niño, de cada niña.

### Lo que aprendí: experiencias exitosas y errores que cometí

Acaban de leer la carta que hoy le escribo al maestro que fui y que en 2002 iniciaba su profesión como docente. Les recomiendo este ejercicio de introspección que supone revisar una determinada etapa vital desde la objetividad que nos proporciona el reto de separarnos de nuestro propio yo para dirigirnos a él a través, por ejemplo, de una carta. Hágalo desde la honestidad y descubrirá su verdadero potencial transformador.

Ahora me gustaría compartir de manera más concreta parte de esa experiencia, y lo haré describiendo algunas de las prácticas docentes que dieron buen resultado, y otras que no salieron tan bien. Lo haré reflexionando sobre los aspectos que considero relevantes y que pueden justificar, en cierto modo, el efecto de estas experiencias en el desarrollo integral del alumnado. Ninguna de las actuaciones que expondré constituyen una idea original mía. Como dije anteriormente he tenido la fortuna de conocer grandes maestras y maestros, y he tenido una inquietud y una curiosidad constantes que me han impulsado a buscar siempre lecturas sugerentes y motivadoras. Mantener una mente abierta es fundamental para que se den procesos de mejora.

Pero antes de comenzar, me gustaría hacer una reflexión previa sobre el éxito y el fracaso. Creo que como docentes debemos redefinir ambos conceptos. No debemos sobrevalorar el éxito ni huir del fracaso. Tanto el uno como el otro pueden contribuir al desarrollo competencial y al aprendizaje de nuestro alumnado. En ocasiones planificamos actuaciones con las que aparentemente obtenemos buenos resultados, pero que en realidad no contribuyen a mejorar las competencias de nuestros alumnos y alumnas. Por el contrario, hay determinadas prácticas que pueden no salir como teníamos previsto o tener un resultado negativo, pero que tras una adecuada reflexión y toma de conciencia pueden contribuir de manera significativa al aprendizaje. El poder educativo del fracaso reside en nuestra capacidad para reflexionar y aprender de él.

También me gustaría clarificar que cuando hablo de aprendizaje y desarrollo no me estoy refiriendo solo a la adquisición de determinados contenidos curriculares, si no a la adquisición y/o maduración de la competencia del alumnado para disponer de conocimientos y habilidades en su día a día y su elección de hacerlo con criterios de justicia e integridad.

Tomaré pues como referencia a la hora de determinar si son prácticas exitosas o no lo son, el hecho de que hayan contribuido a ese desarrollo competencial e integral de mi alumnado que he mencionado.

Comenzaré por las prácticas exitosas:

*Programa de Responsabilidad Personal y Social (PRPS)*

Justo al principio de mi carrera profesional apareció el PRPS y supuso, desde el inicio, un elemento fundamental de mi arquitectura como docente. Como su propio nombre indica, se trata de un programa para el desarrollo sistemático y progresivo de la responsabilidad personal y social del alumnado. Lo hace estableciendo, en esta adquisición, cinco niveles bien diferenciados, cada uno de ellos con unos objetivos concretos. El programa propone una serie de estrategias metodológicas que se han mostrado más adecuadas para el desarrollo de cada uno de los niveles; y sustenta la intervención sobre una estructura de sesión de trabajo, a modo de andamio, que favorece la implementación del Programa. El desarrollo curricular y el del Programa se integran de manera que entre ambos se establecen sinergias que contribuyen al aprendizaje.

Lo que salió bien:

El PRPS me ha permitido ampliar el foco de mi intervención, habitualmente centrado en los contenidos estrictamente académicos. El alumnado no solo aprende matemáticas, o ciencias, si no que aprende a relacionarse de manera íntegra con sus compañeros y compañeras, a elaborar estrategias de autoaprendizaje, a ser más autónomo, a mejorar sus habilidades cooperativas, a desarrollar su competencia de liderazgo, o adquirir un compromiso social.

Se trata de un programa parsimonioso que sistematiza y organiza la intervención. Esto evita un tratamiento aleatorio y anecdótico de contenidos relacionados con valores y normas, favoreciendo la creación y desarrollo de una programación de aula integral.

Lo que no salió tan bien:

El PRPS tiene muchos elementos a tener en cuenta a la hora de la implementación, lo que hace necesaria cierta experiencia hasta naturalizar las practicas que garantizan el éxito.

Por otra parte, conseguir esa naturalización del PRPS implica, con frecuencia, salirse del camino transitado y reflexionar de manera constante acerca de la relación con tu alumnado y de la propia práctica como docente. Este proceso puede volverse incómodo y generar cierto rechazo hacia el Programa.

*Grupos Interactivos*

Si el PRPS formó parte de mi práctica docente casi desde el principio, los grupos interactivos los descubrí en 2016, durante mi etapa como maestro en el CEP Rei En Jaume de Tavernes Blanques. Se trata de una actuación con la que se pretende la mejora del aprendizaje y la convivencia. Consiste en diseñar cuatro actividades distintas (interrelacionadas) y organizar grupos heterogéneos de 5-6 alumnos y alumnas (tantos grupos como actividades). Cada uno de los grupos debe realizar una de las actividades durante 15-20 minutos, al acabar el tiempo, cada grupo cambia de actividad, de modo que al finalizar la sesión todos han realizado las 4 actividades. En cada grupo existe un voluntario o voluntaria (pueden ser familiares, exalumnado, profesorado de apoyo, etc.) con la responsabilidad de estimular las interacciones de los alumnos y garantizar una participación igualitaria y respetuosa.

Lo que salió bien:

A través de los grupos reducidos se multiplican y diversifican las interacciones a la vez que aumenta el tiempo de trabajo efectivo. La participación en clase de personas voluntarias que asumen la dinamización de cada grupo me permite asumir un rol observador. Puedo ir acercándome a cada grupo y valorar la verdadera evolución de cada alumno y alumna. Se trata pues de una actuación inclusiva.

Los grupos interactivos me permite abrir realmente mi aula a las familias. La participación activa de éstas en actividades curriculares mejora la motivación del alumnado, especialmente de aquel que tiene la relación con la persona voluntaria. Pero también mejora la relación entre las familias y el docente.

Lo que no salió tan bien:

A cualquier organización en pequeño grupo no se la puede llamar grupos interactivos. Para asegurar que se tiene éxito con esta actuación debemos realizarla siguiendo las pautas metodológicas adecuadas.

Mantener un grupo de personas voluntarias más o menos estable no siempre resulta fácil y el éxito de la actuación reside, en gran medida, en la participación de éstas.

*Codocencia*

Bajo mi punto de vista, la ratio en las aulas es la clave de bóveda del edificio educativo. En la actualidad, en España nos movemos con ratios de 1 maestro/a por cada 25 alumnos/as. Resulta sencillo llegar a la conclusión de que con menos alumnos podríamos desarrollar un proceso de enseñanza y aprendizaje de más calidad, más personal, más inclusivo. Es por esto que plantear actuaciones que con dos docentes en el aula supone reducir la ratio a la mitad, con todas las consecuencias favorables que esta estrategia supone.

La codocencia consiste en que dos profesoras/profesores asumen la docencia en el grupo, cooperando en el diseño y planificación de la programación, así como el desarrollo de los contenidos de las diferentes áreas y la evaluación del alumnado.

Lo que salió bien:

Trabajar codo con codo con un compañero o compañera es maravilloso. Se establecen complicidades, experiencias y aprendizajes que te hacen disfrutar plenamente de las clases. Yo he tenido la oportunidad de compartir docencia con maestras de las que he aprendido mucho y que han sacado de mi la mejor versión como docente

Repartir responsabilidades te permite profundizar un poco más en cada actividad que realizas en clase y acompañar de manera más calmada y consciente a tu alumnado.

Lo que no salió tan bien:

No siempre he conectado de la misma manera con el maestro/a con el que he compartido docencia. Cuando esa conexión no ha sido fluida, hemos tenido que echar mano de profesionalidad para que nuestro alumnado no viera resentida la calidad del proceso de enseñanza y aprendizaje.

Pero también he implementado actuaciones que no salieron tan bien y de las que siempre traté de sacar oportunas conclusiones que supusieran un aprendizaje personal y profesional. Les describiré la que quizás más me marcó como docente, quizás porque fue la primera vez en mi carrera que confrontaba utopia y realidad. Desde entonces, esta dualidad ha venido enmarcando muchas de mis decisiones.

*La escuela libre y el aprendizaje autogestionado.*

En 2006, después de pasar el verano leyendo libros de Mauricio y Rebeca Wild en los que narraban su experiencia creando la "Escuela Libre Pesta" en Ecuador, me aventuré a darle un vuelco a la manera en que gestionaba el aula. La idea era transformarla en un espacio de aprendizaje autónomo en el que cada alumno y alumna encontraran los elementos y las condiciones necesarias para encontrar su propio camino de aprendizaje personal. Esta idea se fundamentaba en la confianza en la capacidad de autoaprendizaje que cada persona posee. Pasé un mes organizando el aula de manera que el material estuviera totalmente disponible para el alumnado y creando fichas de autoaprendizaje que facilitaran el proceso.

El curso comenzó y lo que yo imaginaba que sucedería no sucedió. Mis alumnos y alumnas de tercero de primaria no mostraron interés por nada de lo había en el aula y su motivación se centraba en jugar fuera del aula. Iniciábamos cada día con una asamblea en la que cada cual decidía a qué iba a dedicar su tiempo, qué proyecto quería desarrollar, etc. Las fichas de autoaprendizaje sirvieron en un principio para aquel alumnado con menor necesidad de movimiento, pero en absoluto despertaba la curiosidad de aquel alumnado ávido de actividad motriz y espacio abierto. El tiempo fue pasando y aparecieron las primeras familias preocupadas porque sus hijos e hijas les decían que se pasaban el día jugando. Mis justificaciones eran poco convincentes porque incluso yo comenzaba a dudar del efecto positivo de la experiencia. Mi expectativa era que en los niños y niñas se despertaría una curiosidad innata que les llevaría a hacerse preguntas y a utilizar los medios a su alcance para tratar de responderlas, saciando así su deseo de saber y desarrollando, en ese proceso, su competencia para trabajar en equipo, para diseñar un plan de aprendizaje, para programar metas y para evaluar resultados. Yo los acompañaría en este proceso ayudándolos a gestionar los espacios y recursos, y reorientando sus procesos cuando fuera necesario. Nada de esto ocurrió y tras tres semanas decidí regresar a la seguridad del currículum establecido y las programaciones didácticas.

Lo que salió bien:

Durante el tiempo que duró la experiencia dediqué mucho tiempo a observar si intervenir o si lo hacía era en situaciones en las que no se establecía un diálogo igualitario o no se daba una participación equitativa o justa de parte del alumnado. Realicé anotaciones de las fortalezas de mi alumnado, de sus inquietudes, de sus márgenes de mejora, etc. Esa información me permitió posteriormente, a lo largo del curso, ir ajustando las unidades didácticas a las características reales del grupo y a las de cada uno de sus integrantes.

También resultaron de gran utilidad los conflictos continuos que surgían durante el juego en el patio, ya que nos permitió determinar una serie de acuerdos básicos de convivencia que sentaron la base de un clima de aula respetuoso y positivo.

Lo que no salió tan bien:

La falta de conexión entre mi propuesta y los contenidos curriculares hacia que la distancia entre la actividad del alumnado y los objetivos académicos fuera insalvable. Para que una actuación así tenga posibilidades de éxito, la clave está en la construcción de ese puente. Cada espacio de autoaprendizaje debe sustentarse sobre el desarrollo de unas competencias específicas que deban plasmarse en algún tipo de producto. La estructura de desarrollo de este producto debe estar clara y debe existir suficiente número de actividades como para que cada alumno/a elija la mejor forma de conseguirlo. Y finalmente, debemos ofrecer una guía para que el alumnado pueda valorar, de manera objetiva y con criterios de calidad, el resultado del proceso y el aprendizaje conseguido. Nada de esto existía en mi propuesta. Mi alumnado se perdió en un proceso que le exigía tomar la mayor parte de las decisiones. Sin guía que orientara su camino, sin múltiples opciones entre las que poder decidir, sin experiencia previa, etc.

Dije al iniciar la descripción de esta actuación, que había significado la primera vez que en la escuela confrontaba la realidad y la utopía. Y es que, una cosa es el horizonte que marca nuestra visión de lo que ha de ser la educación y otra la realidad sobre la que nos movemos y la circunstancias que nos rodean. Yo creo que jamás debemos perder de vista esa utopía porque, como decía el escritor uruguayo Eduardo Galeano, la utopía nos sirve para nunca dejar de caminar.

## Testimonio del alumnado

Zoraida

De alguna forma creo que Salva es de esas personas que desde que aparecen, nunca dejan de estar.

Sin duda cuando Salva entró como profesor de educación física en el colegio, cuando íbamos a 4º de educación primaria, recuerdo que con él vino la innovación. Las clases de "gimnasia" eran otra cosa.

Quedaron atrás los deportes clásicos, los grupos competitivos y el sentarse en el banquillo. Con Salva llegó el aprender de 0 y eso situaba a todos los compañeros en la misma línea de salida.

Los malabares (Salva controlaba los malabares como un profesional del circo), el patinaje (todavía me duele la caída), acro-gimnasia, el viaje a la nieve... y las sesiones que teníamos grupales e individuales. No recuerdo bien qué aspectos se trataban en aquellas tutorías, pero sí del cariño que Salva ponía en cada una de sus dinámicas. Recuerdo especialmente una sesión que dedicó a hablar de la autoestima (y eso tampoco era común).

Salva fomentaba en sus clases el compañerismo, las ganas de aprender cosas nuevas, disfrutar jugando y aprendiendo y sobre todo y para mí lo más importante, lograba que alumnos como yo, con miedo a salir de su zona de confort, lo intentarán y disfrutarán haciéndolo.

Cuando Salva dejó el colegio perdimos el contacto, pero tuvimos la gran suerte de reencontrarnos y creo que, de todo, eso fue lo más especial.

Fue en un examen de Piscología Comunitaria cuando volví a ver a Salva después de unos 12 años. Me enseñó las fotos que guardaba, nombraba a la mayoría de mis compañeros y se notaba con qué cariño recordaba su paso por el centro.

Un examen y un café para que casualmente, o no, el profesor y la alumna de 9 años retomarán el contacto de nuevo, tantos años después. Por eso estoy segura de que Salva es de esas personas que desde que aparecen nunca dejan de estar.


Adrián

Hola mi nombre es Adrián y tengo 15 años. Mi profesor Salvador es una excelente persona, con el me he llevado muy bien. En los años de aprendizaje él me ha ayudado bastante en los estudios. Salvador fue uno de mis profesores favoritos desde el primer día que lo conocí. Desde que ya no estoy en el colegio y ahora estoy cursando 3 de la eso en el instituto Les Sorolla cuando tenía dudas de un tema él siempre me ayudaba. También es una persona activa y le gusta mucho el senderismo y la naturaleza y esto muy orgulloso de haberlo conocido y de haber sido su alumno.


Iván

Conocí a Salva en 4º de primaria, cuando yo tenía 9 años. Durante tres años fue mi profesor de matemáticas y de ciencias sociales.

Una de las cosas que aprendí fue a ser perseverante, ya que cuando me daba matemáticas se equivocaba muchas veces escribiendo en la pizarra, pero aun así seguía borrando y volviendo a escribir hasta que le saliera bien.

También nos contaba muchas historias de las que aprendí a confiar en las personas, pero sin dejar que me engañaran, o que no hace falta ser más grande y fuerte para poder ganar en algo sino tener mayor conocimiento.

Como persona destacaría su implicación en el colegio ya que siempre se preocupó por el bienestar de todos los alumnos y personalmente siempre me ha ayudado en todo lo que me hiciera falta. Me consta que con el resto de los profesores ha tenido también un trato cordial siendo profesor o director indistintamente, creando un buen ambiente laboral.

Salva no es una persona que se preocupa por algo, sino que se ocupa. Nunca olvidaré esas clases las cuales quería hacer más llevaderas con su humor.

Sin ninguna duda es uno de los mejores profesores que he tenido a lo largo de mi vida como estudiante y una de las personas más sabias y pacientes que he podido conocer.

Gracias Salva por hacer de mí una mejor persona y haberme inculcado unos valores que jamás olvidaré.

# Capítulo 3. Aprendiendo de un profesor de Secundaria de Unidad Pedagógica Hospitalaria (UPH)

## Guillermo Murcia López

*Carta de un profesor con mucho que aprender todavía*

*Remitente: Guillermo Murcia López, profesor con mucho que aprender todavía.*

*Destinatario: Guillermo Murcia López, profesor que entonces tenía más aún que aprender y sobre todo que experimentar.*

Querido Guillermo,

Si piensas que impartir clase a alumnos de secundaria va a ser difícil, tienes razón. Pero no lo va a ser por los motivos que quizás estás imaginando. Uno puede estar nervioso o sentirse inseguro a la hora de compartir conocimientos ante alumnos por creer que puede no dar la talla, cometer errores o no tener respuestas a todas sus preguntas. Pero esos problemas son quizás los menores que se puede encontrar uno en el aula.

La mayor complejidad a la que te vas a enfrentar va a ser el saber gestionar la enorme responsabilidad de recibir a personas que provienen de contextos socioeconómicos o culturales de lo más diverso y ser capaz de contribuir a su proceso de formación y maduración de la forma más eficaz, justa y empática posible. Esta responsabilidad es a veces abrumadora, pero en última instancia es lo que hace tan gratificante la experiencia de ser profesor. Aún así, es normal tener cierto temor a hacerse cargo de ella. La perspectiva de la práctica docente que tienen las personas ajenas a la misma suele provenir del recuerdo de cuando uno mismo era alumno, de la interacción con los docentes como padre o tutor de un alumno o de la representación mediática de los mismos. Cualquiera de estas perspectivas está sesgada o coloreada por múltiples factores y como es lógico, aunque puedan contener alguna dosis de verdad, no preparan para lo que es estar en el aula frente a un grupo de alumnos jóvenes. Es cierto que la experiencia es la mejor maestra, pero aun así, hay una serie de ideas que te pueden ser útiles a la hora de iniciarte en este mundo de la docencia.

En primer lugar, es esencial reconocer que los adolescentes están experimentando un proceso de autodescubrimiento y forjando su identidad. Algunos pueden mostrarse reacios a participar en clase o expresar sus opiniones debido a la inseguridad propia de la adolescencia. Como docente, debes fomentar un ambiente de confianza y respeto donde los alumnos se sientan seguros para compartir sus ideas y perspectivas sin temor a ser juzgados.

El trasfondo cultural y social de los alumnos también juega un papel crucial en su desarrollo y experiencia educativa. En un aula diversa, es importante abordar las diferencias culturales con respeto y sensibilidad. Alumnos nativos y extranjeros, procedentes de países hispanoparlantes o que hablan otros idiomas, con diversas religiones y orígenes, enriquecen el ambiente de aprendizaje al aportar diferentes perspectivas y experiencias.

En España las distintas nacionalidades históricas poseen culturas y lenguas propios que merece la pena conservar y fomentar. En la Comunitat Valenciana en concreto el valenciano es una lengua cooficial y los alumnos valencianoparlantes merecen una atención especial, ya que, aunque puedan manejar el castellano, algunos pueden sentirse más cómodos expresándose en su lengua materna, una lengua que tanto histórica como actualmente ha sufrido y sufre una situación de disglosia frente al castellano. Resulta importante tener este elemento en cuenta tanto dentro de clase como en las relaciones personales con alumnos y familia o tutores legales. Fomentar el respeto y la promoción de la diversidad lingüística en el aula puede enriquecer la experiencia educativa y fortalecer la identidad cultural de los alumnos. Esta perspectiva puede servir también para hacer más fluido y respetuoso el trato con alumnos o familias con un tercer idioma nativo.

Otro aspecto importante a considerar es el contexto socioeconómico de los estudiantes. Alumnos de ambientes rurales y urbanos pueden enfrentar diferentes realidades y desafíos. Es posible que los jóvenes de zonas rurales tengan menos acceso a ciertos recursos educativos o actividades extracurriculares, mientras que los de áreas urbanas pueden enfrentarse a problemas como la violencia o la falta de oportunidades.

Asimismo, las diferencias de clase social pueden influir en las aspiraciones y metas de los alumnos. Algunos pueden tener una visión más limitada del futuro debido a las circunstancias familiares o sociales, mientras que otros pueden tener grandes ambiciones académicas y profesionales. Como educador, es fundamental brindar apoyo y orientación a cada estudiante, alentándolos a perseguir sus metas y superar cualquier obstáculo que se presente en su camino.

Una de las cuestiones que te preocuparán seguro es el tema de cómo manejar la cuestión de la disciplina en el aula o las relaciones interpersonales de los alumnos. Quizá una forma de enfocar este tema es una perogrullada tan obvia como tener en cuenta que todo el que se halla en el aula es humano. Esto es cierto respecto a los alumnos, por supuesto. Hay alumnos que pueden tener un mal día, pero también que es posible que exhiban ciertos comportamientos debido a situaciones o condiciones que se encuentran cuando vuelven a casa o a las que se enfrentan en el patio de recreo o en el comedor. Igual que las personas adultas, a menudo los alumnos que tienen problemas graves y no pueden solucionarlos o plantarles cara pueden proyectar su frustración o utilizar como adversario sustituto a otro compañero o al mismo docente. ¿Cómo responder ante eso? Siempre es complicado caminar entre dos extremos: el permitir cualquier comportamiento y que no haya ningún tipo de figura de arbitraje en el aula y el engañarse pensando que el autoritarismo ante cualquier conducta puede solucionarla por temor a las represalias.

Es por eso que, posiblemente, la mejor forma de encarar esta problemática es precisamente tener en cuenta esa cualidad humana de los alumnos e intentar tener en cuenta dos cosas. La primera, el no "asignar" papeles o cárácteres a los alumnos por comportamientos aislados, sino realizar un seguimiento de cada uno de ellos, ponerles rostro y nombre e intentar ver cómo se comportan en distintos ámbitos: en el aula, pero también en sus relaciones sociales o en las relaciones familiares. Percibir dónde parecen estar más cómodos o donde no se desenvuelven con fluidez. Con quién se llevan mejor o en quién parecen confiar más. A quién muestran respeto y a quién temor. Anotar dónde se abren, si es que lo hacen en algún ámbito, y en qué condiciones.

La segunda cosa a tener en cuenta es el comprender que la autoridad, para ejercerse no sólo de forma justa, sino a mayor beneficio del alumno, tiene que entenderse como justificada. El mero temor a un castigo, a tener malas calificaciones o a una llamada a los padres no es un fundamento sólido para que un alumno respete al docente o a sus compañeros. Por contra, una forma que suele dar buenos resultados y permite conectar con los alumnos es evitar en la medida de lo posible el atribuir mala fe a los comportamientos, a fin de que sepan que existe una forma de cambiarlos sin entenderlos como algo que se halla vinculado a una forma de ser malvada que les sería intrínseca. Y a la vez, la vía para intentar que reformulen su forma de ver el problema puede consistir en buscar que conecten con su capacidad de empatizar con el otro.

En el contexto de la asignatura de inglés, es común además encontrarse con el desafío de la motivación. Algunos alumnos pueden ver el inglés como una materia difícil o poco relevante para sus vidas, lo que puede afectar su rendimiento y compromiso en clase. Es importante establecer conexiones significativas entre el contenido del curso y los intereses de los estudiantes para despertar su curiosidad y entusiasmo por aprender.

Además de los desafíos mencionados, como docente también te enfrentarás a situaciones difíciles relacionadas con el maltrato o abuso en el hogar. Algunos estudiantes pueden estar atravesando situaciones traumáticas fuera del ámbito escolar, lo que puede impactar su comportamiento y rendimiento académico. Es fundamental ser sensible y estar atento a posibles signos de problemas, brindando un ambiente de apoyo y comprensión para aquellos que lo necesiten.

En medio de todos estos desafíos, encontrarás momentos de satisfacción y alegría al ver el progreso y los logros de tus alumnos. Cada pequeño avance es un motivo de celebración y un recordatorio de que estás haciendo una diferencia en la vida de estos jóvenes.

En resumen, la práctica docente es un viaje lleno de aprendizaje y crecimiento, donde enfrentarás una diversidad de situaciones y desafíos. El ser profesor va más allá de impartir conocimientos; es una vocación que requiere empatía, paciencia y dedicación. Al entender y abordar las necesidades y circunstancias únicas de tus alumnos, contribuirás a formar ciudadanos responsables, empáticos y preparados para enfrentar el mundo con confianza.

### Lo que aprendí: experiencias exitosas y errores que cometí

¿Qué ejemplos puede haber de los consejos que te he dado? He cometido numerosos errores durante mis años de profesor, pero creo que de ellos he ido sacando lecciones que me han ayudado a superar dificultades. Dadas las limitaciones de espacio prefiero centrarme en ofrecerte consejos de buenas prácticas antes que recordar equivocaciones que tuve.

Que los alumnos y familias perciban el interés por conocerles y tender puentes con ellos es esencial. Una de las maneras de conseguir esto es ejercer la curiosidad positiva por quiénes y cómo son, de dónde vienen y qué les interesa a ellos. Algo tan sencillo como aprender algunas pocas palabras del idioma de familias migrantes, por ejemplo, me ha llevado a que alumnos y familiares supieran que podían confiar en mí para cualquier cosa, pidiéndome ayuda o colaboración cuando han tenido algún problema. El saber unas pocas palabras de pastún, árabe, francés, mam, ruso, wolof, suajili, kiñaruanda, rifeño o chino ha abierto, en mi caso, muchísimas puertas.

La motivación es algo crucial con respecto al inglés, pero también en general con cualquier asignatura. Durante todos los años en los que he impartido clase en un aula hospitalaria me he enfrentado, además, al problema de que a esa falta de interés por las materias impartidas se le sumaba la situación de salud física o mental tremendamente complicada de todos mis alumnos. Con frecuencia un alumno que está ingresado en el servicio de oncología o de psiquiatría simplemente no es que no tenga ganas de recibir clase, sino que tiene un obstáculo muy importante que es el cómo se encuentra, física o mentalmente. Intentar entrar en la habitación o el aula en el que están e impartir clase, en frío, es algo que no recomiendo. La vía que siempre me ha funcionado para establecer confianza y complicidad es simplemente empezar a hablar con el alumno y preguntarle por sus aficiones. Buscar puntos de conexión. Quizás le gustan los videojuegos, o la música, el deporte, series de televisión, la lectura, el anime. No hay que saber de todos estos ámbitos, pero sí que mostrarse genuinamente curioso por aprender sobre lo que le interesa al alumno e intentar conectar con él a través de algo que a él le gusta. Durante todos estos años me han recomendado y descubierto música, series, autores, libros, artistas o simplemente formas distintas de ver el mundo que los adolescentes de ahora, igual que todos los anteriores y los que vendrán después, están desarrollando. Una vez establecida esa conexión es posible que el alumno finalmente quiera recibir clase o que prefiera dejarlo para otro día, pero ya se tiene una base sobre la que trabajar y sobre la que poder motivar. Quizás se le puede animar a adquirir más fluidez en el inglés para entender letras de su artista favorita, trabajando con letras de sus canciones. O hacer ver cómo el aprender la historia medieval de la Corona de Aragón puede servirle para sus partidas en un juego de rol de fantasía medieval.

Respecto a la cuestión de la disciplina, en algún momento de tu carrera te encontrarás, como es de esperar, con casos de faltas de respeto o peleas en el aula. Lo importante con los alumnos es intentar trabajar su capacidad de empatía y de respeto para con otros compañeros. Simplemente amenazar con castigos o reaccionar de forma exagerada ante comportamientos que ellos perciben como juegos pero que sabemos que son más graves no suele ser muy útil debido a que al percibir esa desproporción entre cómo ven ellos la conducta y cómo la ve el profesor, la complicidad o la confianza se puede perder. Por ejemplo, con numerosos alumnos que han tenido enfrentamientos o conflictos he preferido adoptar la vía de intentar establecer puentes y conexiones para que entendieran el por qué desde el punto de vista se consideraba que esas conductas eran desaconsejables. En el tiempo que pasé impartiendo clase en Estados Unidos, alguno de mis compañeros recomendaba reaccionar de forma muy tajante y severa cuando los alumnos utilizaran expresiones malsonantes de carácter racial, ya que se trataba de atajar de raíz una conducta que se consideraba racista. El problema es que los alumnos eran en su práctica totalidad inmigrantes en los EEUU, y desconocían el trasfondo de tensiones raciales o de racismo que existe en ese país, usando las expresiones únicamente como imitación de jerga que escuchaban a otros compañeros más mayores o en canciones y productos de entretenimiento. Los consejos de alguno de estos compañeros no tenían en cuenta elementos como la clase social de los alumnos e intentaban aplicar una fórmula muy estadounidense que consideraba que el mundo giraba alrededor de su cultura y categorías. El resultado era que los alumnos, una vez aprendían las palabras que estos administradores consideraban malsonantes, simplemente no las utilizaban delante suyo y así evitaban el castigo.

Por mi parte, una forma que conseguí de convencer a varios alumnos de que dejaran de utilizar algunas de las expresiones raciales fue el explicar el origen de las mismas, su significado y el por qué podían resultar ofensivas para otras personas que las escuchasen. Posteriormente puse en práctica la misma estrategia para con expresiones sexistas, intentando hacer entender a los alumnos el origen de cada término y razonando con ellos que, si a ninguno nos gusta que nos falten al respeto, el usar expresiones que otros pueden considerar ofensivas es algo que no es correcto. No me hago ilusiones de pensar que mis explicaciones o argumentos fueron más que una gota en el océano que es el crecer en una sociedad donde se normaliza un uso del lenguaje que contiene esas expresiones. Pero sí que pude comprobar como al menos la mayoría entendían el motivo de considerarse malsonante u ofensivo emplear ciertas palabras, y no se quedaban únicamente con la impresión de que era algo prohibido por la autoridad, sin entender el porqué

Algunos episodios que vivirás serán más graves que pequeños conflictos o peleas e involucrarán cosas como el acoso escolar o el bullying. Y aún así, siempre es recomendable intentar actuar razonando y haciendo sentir a todas las partes como dignas de diálogo y respeto. En mi caso, recuerdo claramente uno de un alumno que se mostraba muy molesto por una broma que le gastaron unos compañeros que, pensando que estaba participando en un juego con ellos en el que todos estaban tirándose de la ropa, hicieron lo propio con él. La forma en que el director del centro me mostró actuar fue la de hablar en privado con los alumnos que le gastaron la broma. Al ver tanto él como yo lo asustados que estaban ante el hecho de ser llamados por lo que perciben como la "autoridad" del centro, les aclaramos que sabíamos que se trataba de algo que habían hecho sin mala fe. Pero a la vez, les comentamos que a veces cuando actuamos (y aquí fue importante el hablar en primera persona del plural, para que se percibieran como incluidos en el mismo grupo que a los adultos y que eran personas responsables y cuya agencia se respetaba) sin mala fe puede que causemos daños o molestemos a otras personas de forma involuntaria. Y que la solución a ello no es ignorarlo o molestarse con quien se ha ofendido, como tampoco resulta necesario fustigarse y pensar que uno es una mala persona por haberlo hecho, sino reconocer el error y buscar la comprensión de a quien se ha hecho daño. Tras hablar con ellos nos reunimos también con el alumno que se había sentido víctima de la broma, un alumno que tenía algunas dificultades de socialización en esos momentos, pero que aceptó las disculpas de los otros compañeros con buen espíritu. El ver cómo, en el recreo posterior a esas charlas en privado con los alumnos, todos ellos se juntaron en el patio y el primer grupo invitó al otro compañero que se había sentido ofendido a jugar al fútbol con ellos, sin rencor alguno, es uno de los mejores recuerdos que tengo como docente. Intenta tener ese impacto en los alumnos porque, parafraseando a Angelou, es fácil olvidar qué profesor te ha enseñado una cosa u otra, pero es prácticamente imposible cómo te han hecho sentir, sea compartiendo conocimientos o contribuyendo a tu proceso de maduración como persona.

## Testimonio del alumnado

Yoany

Él cuando llegó nos gustó como enseñaba, porque lo que no entendíamos él lo explicaba bien. Siempre trataba de que todos entendiéramos al paso y siempre nos explicó todo bien. Por ejemplo, a las personas que no sabían inglés, él los ayudaba a traducir o decir algunas palabras. A veces hacíamos presentación y él nos ayudaba a que pasáramos la prueba y a no sentirnos nerviosos. La verdad él es un buen maestro. Creo que fue uno de los mejores maestros de la escuela porque siempre nos escuchaba, siempre bromeábamos en clase y siempre se llevó bien con todos. De los otros salones siempre acudían a él, así que él es un buen maestro.


Leidy

Estimado/a lector/a,

Me complace compartir mis experiencias con el profesor Guillem Murcia López, a quien cariñosamente llamábamos "Mr. España" en nuestra clase. Su enfoque en la educación fue excepcional, mostrando atención y empatía hacia sus alumnos. Además, fomentaba el debate y compartía diferentes perspectivas e ideas en el aula, lo cual enriqueció nuestro aprendizaje. Personalmente, me brindó un apoyo invaluable en mi proceso de escritura poética, reconociendo mi potencial y dándome la oportunidad de participar en un concurso de poemas. Estoy agradecida por el respaldo que recibí de él y como me eso me hizo crecer durante todo un año escolar. A mis 15 años, puedo afirmar que Guillem Murcia López es uno de los mejores docentes que he tenido.

Atentamente,

Leidy A.

# Capítulo 4. Aprendiendo de una profesora de Secundaria y Bachiller de Lengua y Literatura Castellana

## Soledad Ahulló Martínez

*Carta de una amante de la Lengua y de la Literatura Castellana*

*Remitente: Soledad Ahulló Martínez*

*Destinatario: Una amante de la Lengua y de la Literatura Castellana.*

Querida amante de la literatura:

En aquellos tiempos cuando la tecnología no inundaba nuestras vidas y soñar y vivir estaba casi supeditado a las series juveniles amorosas y cómicas y a la lectura de los libros de aventuras y de los clásicos; se despertaron en mí esas ganas tremendas de ser una espectadora de la literatura castellana desde las páginas de las obras de autores y autoras que han marcado nuestro legado literario.

Recuerdo, con mucho cariño y añoranza las clases de Lengua y Literatura de toda mi etapa del instituto (BUP y COU); pero, sobretodo tengo grabadas a fuego cada sesión de una profesora muy especial, Rosaura, mi profesora de Literatura en COU.

Esta excelente profesional abría ante nosotros una enciclopedia de conocimientos y de lecturas que nos embaucaban y fue, durante ese curso, durante sus clases, cuando decidí que yo también quería ser profesora de Literarura, es más, no quería ser una profesora cualquiera, quería enseñar con la pasión con la que ella lo hacía.

Cuando pisé por primera vez la Facultad de Filología, el miedo ante la novedad inundó mis pensamientos; no obstante, la magia de cada una de las clases y todo el saber que cada día llegaba hasta mí hizo que aquel temor de principiante, se convirtiera en ilusión y en ganas de mejorar y llegar a ser una buena filóloga como lo fue mi profesora.

Estudiar y profundizar en el nacimiento y evolución de la lengua española, así como su diversidad, hizo crecer y evolucionar una experiencia que afianzó mi estima y respeto hacia nuestro instrumento de comunicación que nos unifica como entidad lingüística.

No obstante, y sin lugar a dudas, el mayor descubrimiento fue la pasión por el español de América. Todo aquello que rodeaba su implantación, las lenguas indígenas que allí se encontraban, la diversidad del español en esta zona, la literatura colonial y la actual literatura hispanoamericana me cautivaron desde el inicio.

La biblioteca del centro y los libros de consulta generales fueron mi refugio en muchas ocasiones y ante mi carácter, un poco tímido, de aquella época juvenil, no mostré mi vitalidad y carisma ante los profesores y profesoras que impartían asignaturas que me fascinaban; pero, esta introspección me enseñó que la curiosidad por el saber también es una faceta autodidacta que te hace crecer como persona y como profesional.

Muchas veces pienso que esa falta de valentía determinó mi decisión de no realizar el Doctorado; no sé exactamente si fue por querer aventurarme al mundo laboral o por miedo al fracaso, como fuere, la vida no me lo reprochó.

Pasaron los años, y en mi mente se proyectaban todos los saberes de las épocas literarias, cada cual más fascinante y arrolladora; todo nuestra historia reflejada en escritos inéditos, obras maestras, con sus personajes y el reflejo social de nuestra sociedad en cada momento. Todo ello escrito y expresado en lengua castellana, un sistema entretejido de sonidos, palabras que construyen enunciados, oraciones y textos, orales y escritos, que me sumergían en las más bellas aventuras, apologías, fundamentos, historias… Que me hacían soñar y volar.

Salí de la Facultad llena de fuerza y de conocimientos, dispuesta a defender en una sociedad cada vez más tecnológica el valor de la lengua castellana y de la universalidad de los temas de la literatura clásica que engendran nuestra esencia y son el espejo de las sociedades que nos han llevado hasta la que nos ha tocado vivir.

Posiblemente, podría haber sido otro mi camino, pero elegí este y la salida de la cueva de la incertidumbre como decía Platón te descubre el verdadero mundo del conocimiento, el ascenso dialéctico se hace verídico cuando este entra en contacto con la realidad que nos rodea.

Me sumergí de lleno en mi vocación de profesora, no obstante, te das cuenta de que tu formación no termina en la Universidad y buscar una salida profesional en educación no fue fácil.

Después de presentarme a varios procesos fallidos de oposición seguí formándome y cursé inglés y el Mestre de Valencià, así como diferentes cursos de digitalización y de altas capacidades. Hasta que en el año 2020 me llegó la suerte.

¡No me lo podía creer! Benicalap, mi primer centro, del que guardo gratos recuerdos. El inicio de mi realización como docente y que me hace sentir valiosa como profesional y como persona.

Fue entrar en mi mundo soñado, una nueva vida que me llenaba el estómago de mariposas; pero, que me causaba vértigo al mismo tiempo. Un día tras otro, … todo iba fluyendo.

He tenido la suerte desde entonces de realizar actividades muy gratificantes en las que he interactuado con las familias, como un teatro en 1º ESO de "Per sis grantes de magrana" en el IES de Albalat en el que las familias se implicaron para realizar el maravilloso vestuario de la obra, un almuerzo con mi tutoría en el que muchas madres y muchos padres realizaron repostería exquisita, excursiones y creaciones de proyectos como en el IES Malilla, en el que recreamos la sociedad de Egipto.

De este modo vas aprendiendo que en este mundo de la enseñanza los contenidos de las materias muchas veces quedan supeditados a la realidad del alumnado y que detrás de cada uno de ellos y de ellas hay unas condiciones que marcan su aprendizaje. Cada historia personal, se llega a hacer tuya, con sus obstáculos (sociales, económicos, familiares, …) y es entonces cuando entiendes con el tiempo que hay que conocer la realidad a la que te enfrentas y cuál es el punto de partida, solo así es como toma sentido la palabra "enseñanza".

### Lo que aprendí: experiencias exitosas y errores que cometí

¿Enseñar, educar o compartir saberes? ¿Cuál es realmente la verdadera esencia de la docencia? ¿Vocación o simplemente trabajo?

La labor de los docentes y las docentes es esencial en la realidad social en la que vivimos y que con el paso de los años te hace evolucionar y crecer como ser humano y como profesional. No podemos negar, que los inicios de todo aquello que realizamos son difíciles y muchas veces nos abocan a una incertidumbre que nos provoca un nerviosismo que hace que nuestras más ciertas convicciones se desvanezcan en un abismo.

No obstante, en un momento todo vuelve a tomar forma y a fortalecer tus muros del conocimiento cuando entras por primera vez en el aula; cuando ves aquellas caritas que te miran desde sus pupitres, unos mejor, otros con desafío, otros con indiferencia, … pero todas las miradas están puestas en ti.

Como un Quijote, inicias tu andadura en una aventura alocada e intentas buscar la enseñanza ideal, aquella que antes tú como alumna habías absorbido, recordando cómo eran tus clases de Lengua y Literatura Castellana en el instituto, aquella profesora magistral, el silencio, … no obstante, con el paso del tiempo todo parece que está abocado al fracaso…

Y aquí entre en juego, la vocación, que te hace parar y reflexionar, analizar el sistema educativo, buscar dónde está aquello que está fallando. Así que es en este momento, cuando te das cuenta de que aquellos alumnos y alumnas que tienes delante cada día, no eres tú, ni tu generación, y que sus inquietudes y las tuyas no son tan diferentes, simplemente, se ubican en contextos y realidades diferentes.

En ese momento, empiezas a entender que la verdadera labor del docente es enseñar en la realidad del alumnado y que las propuestas del aula de la lengua y de la literatura deben ir ligadas a sus verdaderas inquietudes, a la evolución social de los temas universales de la literatura: amor, muerte, existencia, tecnología, redes sociales, … y que, además, integra una pluralidad de niveles de aprendizaje que como docente debes de saber gestionar.

De este modo, aterrizas entre leyes de educación y reformas en la realidad de tus aulas, que albergan una micro diversidad que emana de la macro diversidad del centro y de la sociedad en la que viven.

Las lecturas de los clásicos deben ser para ellos algo vivo, y en este aspecto, deben de ver al Quijote, Lazarillo, Celestina, … en su mundo, como referentes de valentía y de superación en su época que, perfectamente, podrían vivir en esta.

El uso correcto de la lengua, he aprendido, que debe dejar de ser un compendio de reglas aisladas para ser tener sentido como un sistema unitario pragmático que facilita la comunicación e interacción humana. Un instrumento que es la base de la resolución de conflictos, siendo la lengua mediadora y social que ayuda a nuestro alumnado a expresar aquello que siente, aquellos que le duele o aquello que le alegra.

No cabe duda que, aunque como docente sabía cuál era mi labor vocacional, el contacto con la realidad educativa hizo que esa vocación encontrara su camino adaptando cada proyecto a las necesidades de alumnado sin desdeñar el aprendizaje lingüístico y literario de cada etapa educativa y que abra las puertas de los itinerarios académicos a cada uno de nuestros alumnos y alumnas para que encuentren su verdadera vocación profesional y laboral, en su contexto social.

¿Qué haces cuando te encuentras con una alumna de Ucrania que ha sido obligada a dejar su vida allí a causa de una guerra? Una alumna arrancada de sus raíces, de su día a día, con la incertidumbre de no saber si volverá a su tierra, en la que era una alumna ejemplar. Todo esto va más allá de una norma de acentuación, o de un texto literario.

Cómo docente pones en marcha todo tu mecanismo a funcionar. Primero te sirves de traductores para poder interactuar con ella, aula de acogida, adaptaciones bilingües, ... intentas que aquella cruel realidad sea más llevadera, aunque, realmente sabes que el sistema es limitado. Te replanteas el objetivo y llegas a la conclusión que lo único que puedes alcanzar es que adquiera un nivel básico del idioma que rompa la barrera del aislamiento lingüístico convirtiendo su bienestar psicológico en la verdadera prioridad.

Nuestras aulas, como he apuntado anteriormente, son una realidad plural de culturas, situaciones personales y proyectos personales dispares que cada vez más marcan la ruta de guía de cada grupo y que, aún, poniendo el alma en ello podemos muchas veces pasar por alto.

En este aspecto, puedes confundir un mal comportamiento el cual amonestas constantemente por creer que es a propósito con un mal comportamiento ocasionado por el acoso de un padre carcelario a su hija para seguir acercándose a la madre sobre la que tiene una orden de alejamiento, y de cuya experiencia soy protagonista. Ante mi error de no indagar más, inmediatamente, me saltaron las alarmas y me volqué en subsanar la falta de atención a esta alumna.

Así pues, las experiencias vividas me han hecho aprender que nuestra realidad como profesionales de la educación siempre debe contemplar, además del currículum académico de saberes básicos y de las situaciones de aprendizaje, el contexto educativo en su esencia que te lleva a descubrir a tus alumnos y alumnas en todas sus facetas, no lo académica, sino también personal y que es aquello que convierte en éxito el proceso de enseñanza-aprendizaje del alumnado, no solo en su faceta académica sino también personal.

De este modo, me gustaría compartir la experiencia como profesora que supuso un antes y un después en mi rol como guía docente dentro de las aulas y que tiene como origen una lectura, una simple lectura de 2º ESO; pero, que sirvió de vía de escape a un alumno para liberar su infierno.

Era un lunes cualquiera, y ese día, éramos pocos alumnos en clase porque algunos habían salido de excursión. Así pues, decidí aprovechar para realizar una lectura que versaba sobre unos hermanos "Skaters" que discutían entre ellos y realizar unas actividades de comprensión lectora y reflexión sobre la mediación de conflictos. Pero, mi sorpresa fue cuando un alumno se acercó hacia mí y sin ningún tapujo me dijo que su madre había sido maltratada por su padastro. "¿Qué estás diciendo? ¿Eres consciente de lo que me estás contando?" – le pregunté. Sí era muy consciente, y no solo lo era sino que fue su oportunidad de descargar su carga de culpabilidad, una culpa que él se había impuesto por no haber podido ayudar a su madre. Mi reacción fue rápida; puse el caso en conocimiento de la dirección del centro y pese a la negativa de la madre de querer declarar, al final se impuso la valentía de hacerlo.

La incertidumbre, el malestar, el temor por la integridad del alumno y su familia, … eran como una espiral en mi cabeza; pero, sabía que había hecho lo correcto.

Desde aquel momento, el alumno era otro, se le veía liberado, hablaba más, se relacionaba más con sus compañeros y compañeras; por fin, vivía.

Fue en aquel momento en el que me di cuenta que el proceso educativo supera los límites estructurales de unos contenidos y unos conceptos, y que es la vía de unión de nuestras vidas con las de nuestros alumnos convirtiéndose en una herramienta fundamental en nuestra labor educativa.

Cada año empezamos un nuevo curso con mucha ilusión y mariposas en el estómago como las grandes artistas cuando salen al escenario cada vez; estrenamos nuevo centro, nuevos alumnos y alumnas, nuevos compañeros y compañeras, y sí… nuevos retos educativos y personales.

Formar, educar y enseñar son motivaciones que se renuevan año a año y que nos hacen crecer y aprender a los docentes día a día. Entendemos que los tiempos cambian y que no siempre los cambios son poco edificantes, sino que hay que buscar en ellos las inquietudes de nuestros alumnos y alumnas para poder lograr que la lengua y la literatura sean el cauce de expresión de la pluralidad y la igualdad y un instrumento mediador en la resolución de conflictos.

En conclusión, a las preguntas del inicio del bloque: ¿Enseñar, educar o compartir saberes? ¿Cuál es realmente la verdadera esencia de la docencia? ¿Vocación o simplemente trabajo? La verdadera esencia de la docencia es la pasión por mi labor que me lleva a una implicación que va más allá de unos criterios de evaluación y que me lleva a intentar formar a mis alumnos y alumnas en una realidad que mira en un único sentido: "su proyección personal y académica ante los nuevos retos de su futuro en el siglo XXI".

## *Testimonio del alumnado*

Noelia Sanjuán

A lo largo de mis años como estudiante he podido coincidir con diferentes profesionales que me han ayudado en mi camino académico, de alguna forma u otra, han sido personas que me han guiado para conseguir mis objetivos. En este caso, una de esas personas ha sido Soledad Ahulló que, durante gran parte de mis estudios en la Educación Secundaria Obligatoria y en Bachillerato, me ayudó no sólo a entender los diferentes retos académicos que se me presentaban, sino que se convirtió en un apoyo fundamental para superar los diferentes cursos.

En mi primer año de Bachillerato decidí inscribirme en el Bachillerato de Ciencias Sociales y muy pronto tanto Soledad como yo nos dimos cuenta de que había sido un error (pues acabé realizando estudios en Filología). Gracias a Soledad pude pasar las diferentes materias que suponían un verdadero reto para mí durante ese año, pero eso no fue lo más importante, sino que me ayudó a comprender que, aunque me había equivocado, todavía podía remendar mi error y cambiar de modalidad. Un cambio de modalidad implicó estudiar durante todo el verano para poder acceder al segundo curso de bachiller con el mismo nivel que mis compañeras y, a pesar de lo que podría haber hecho cualquier otra docente, Soledad pasó gran parte del verano conmigo ayudándome en esa tarea. De hecho, es a ella a quien debo agradecer los estudios superiores que realicé, pues sin su ayuda jamás habría comprendido que no me encontraba en el sitio adecuado o, más bien, me habría atrevido a cambiar de modalidad.

Soledad Ahulló fue una docente amable y carismática, a día de hoy no creo que ningún compañero pudiera decir un solo comentario negativo sobre ella, de hecho, todos la recordamos con cariño. También es cierto que se mantenía firme cuando realmente debía hacerlo, puesto que no dejábamos de ser adolescentes que, aunque teníamos predisposición por aprender, muchas veces nos olvidamos de donde estábamos y perdíamos la atención; sin embargo, ella siempre nos marcaba unos límites, el aula no era un espacio de juego, pero tampoco uno de tortura. Como futura docente, Soledad siempre será un ejemplo perfecto del tipo de aula que quiero conseguir y del tipo de clases que quiero llegar a impartir, sin duda es el referente que siempre he seguido.

En definitiva, debo agradecerle toda su dedicación como docente, ya que sin su implicación directa con los alumnos y su preocupación constante por nuestro futuro no hubiéramos conseguido conectar con ella como, bajo mi perspectiva, todos hicimos.


Lidia

Sole, que os puedo decir de ella, sí es mi madre; pero, además ha sido un puntal fundamental en mi progreso académico. Es cierto, que muchas veces me ha costado asimilar que mi madre me ayudara en mis estudios porque no era el rol que yo tenía dentro de casa de ella. Con los años me di cuenta que sus conocimientos y sus explicaciones, la forma de resumir los temas de Historia o de Biología me podían ayudar más que perjudicar. Así que cuando cursé 3º ESO y se me complicó el asunto entendí lo valiosas que eran sus explicaciones y la manera de motivarme para que sacara el curso adelante. Nunca oí de su boca un "no puedes", al contrario, ella me animaba y me decía que aunque era difícil lo iba a conseguir y así fue. Actualmente, he encaminado mis estudios hacia la rama humanística-social y sé que ella va a estar ahí para ayudarme siempre y no solo como madre sino como una excelente profesora. Para mí un modelo a seguir.

# Capítulo 5. Aprendiendo de un profesor universitario
## Juan Ramón Martínez Morales

*Carta de un viejo Profesor*

*Remitente: Un viejo Profesor*

*Destinatario: A mi alumnado*

Su primera clase fue en la Facultad de Psicología y fue al año siguiente de haber finalizado la carrera, con veintipocos años. El aula era una de las más grandes y estaba abarrotada de alumnado. Muchos eran repetidores de otros años, ya que se trataba de una asignatura obligatoria que arrastraba un alto nivel de suspensos. El camino hacia la Facultad fue una suma de emociones y recuerdos de los años intensos vividos y disfrutados en la Universidad como alumno (clases, seminarios, horas de biblioteca y en la cafetería de la Facultad discutiendo sobre la vida, la política, las ideas, el pensamiento y hablando de libros, muchos libros), pero ahora él era el profesor.

La noche anterior apenas pudo conciliar el sueño y se había preparado en una ficha -de las que utilizaba habitualmente para anotar referencias bibliográficas de los libros leídos- las cosas que quería decir al comenzar su "primera clase" en la Universidad: "buenos días, mi nombre es...el horario de tutoría es...el programa de la asignatura consistirá en...los criterios de evaluación serán...y habrá una lectura voluntaria del libro de Luis Martín Santos "Diez lecciones de sociología"; tenía anotada hasta la frase de despedida antes de pasar a las preguntas..."deseo que este año recorramos juntos el camino hacia el conocimiento de la realidad social que no es sino la vida misma, aprendiendo yo de vosotras y vosotros y compartiendo lo estudiado, pero sobre todo, confío en que disfrutemos juntos de esta oportunidad de aprendizaje subidos a la montaña, mientras observamos y descubrimos la realidad que nos rodea y de la que formamos parte inseparable, como seres humanos que somos". Aún guarda esa ficha.

En esa breve presentación, quiso condensar todo lo aprendido durante los cinco años intensos que había pasado estudiando la carrera, en los que había tenido la inmensa fortuna de aprender de verdaderos "maestros y maestras" que amaban su profesión de docentes y cuyas clases se basaban en una conversación abierta y participativa con el alumnado. Ellos mismos actuaban de verdaderos guías acompañantes de un viaje mágico hacia el conocimiento, con un discurso muy bien estructurado, describiendo de forma clara la realidad que nos rodeaba y ayudaban a sus estudiantes a descubrirla pero, sobre todo, a aproximarse a ella desde una "mirada crítica": una mirada objetiva, científica, activa, reflexiva, neutra, humana...que pusiera en cuestión todo lo aprendido y sabido, y que partiera de cero, para desde ahí, comenzar a pintar un cuadro -uno de muchos- sobre lo observado, lo aprendido y, sobre todo, lo vivido. Ahora él era el pintor.

La lectura del libro de Luis Martín Santos lo ha acompañado a lo largo de todos sus años de docencia, ya que tanto el libro como sus enseñanzas han sido un referente para nuestro profesor y marcaron un punto de inflexión fundamental en su carrera y en su forma de mirar y entender la realidad social. Subirse a la montaña, observar la realidad que nos rodea y de la que formamos parte, mirar esta realidad pasada y presente con una mirada crítica, flexible y abierta para tratar de comprenderla y de conocer sus cambios, su evolución a través del tiempo, conociendo y analizando las distintas pinturas, estilos y formas en las que esta realidad ha sido pintada y que ha dado lugar a numerosos cuadros pintados por tantos y tantos teóricos de esta realidad social, ha sido siempre el punto de partida de su "primera clase".

Al llegar al aula la emoción de entrar en ella como profesor de universidad, siendo tan joven, fue una experiencia única llena de desafíos y oportunidades de crecimiento. El "hormigueo" que sintió en el estómago antes de abrir la puerta ha sido una sensación que se ha repetido a lo largo de sus más de treinta años de profesión. De hecho, ahora que su vida como profesor está llegando a su cénit, la razón que lo mantiene en las aulas es precisamente esa sensación de "hormigueo" que, cuando desaparezca, será la señal clara e inequívoca de que ha llegado el final de su tiempo como docente.

Su "primera clase" marcó el comienzo de una nueva etapa en la vida de este joven profesor, en la que la emoción y la anticipación se entrelazaban mientras se preparaba para compartir con los estudiantes lo aprendido durante sus años de estudiante y su corta experiencia sobre la vida. Sin embargo, también existía cierta ansiedad y nerviosismo asociados con esta nueva rutina de hablar en público, sintiendo la presión de ser tomado en serio por los estudiantes -hasta hace apenas unos meses, "sus colegas"-, asumiendo la responsabilidad de transmitir el conocimiento de manera efectiva y de ser él quien a partir de ese momento se convirtiera en "pintor del cuadro", siendo consciente de la influencia que podía ejercer sobre la autoestima de su alumnado a la hora de ayudarles o no a aumentar la confianza en sus habilidades y en el desarrollo de sus propias competencias.

Desde su primer año, enfrentarse cada nuevo curso a su "primera clase" con alumnado diferente y cada vez más joven, ha supuesto un reto apasionante al exponerse de nuevo a un grupo de estudiantes desconocidos, de los que se ha ido alejando en edad y poco a poco en la forma de pensar y vivir la realidad social. Reconocer estos sentimientos y aceptarlos como parte del proceso de la vida ha sido fundamental y le han permitido mantener un enfoque más claro en la preparación y presentación de la clase, ayudándole a reducir la ansiedad y desmotivación cuando no se ha sentido escuchado o a veces comprendido.

A lo largo de estos años, los sentimientos experimentados al dar clases han ido pasando de la satisfacción por los logros alcanzados por sus estudiantes y por el trabajo realizado en las aulas, a la frustración cada vez que percibía que el alumnado no estaba interesado por las clases o cuando su desmotivación se hacía evidente a través de sus respuestas, su comportamiento y, en definitiva, su actitud en clase. A medida que los años han ido pasando, ha sido consciente de la falta de conexión generacional que se ha ido haciendo cada vez más evidente con un alumnado que piensa y vive una realidad cada vez más alejada de la suya.

Otro aspecto con el que ha tenido que lidiar en las aulas y que le ha podido generar en ocasiones cierta inquietud y sentido de la responsabilidad ha sido comprobar la posibilidad de poder influir a través de su enseñanza en el desarrollo académico, profesional y personal de sus estudiantes. A pesar de ello, verlos crecer y tener éxito en su vida profesional, siempre le ha resultado muy satisfactorio y motivador.

Para mantener esta conexión y, sobre todo, el diálogo con el alumnado ha sido clave la preparación de las clases ya que le han dado la confianza necesaria para salirse del guion e improvisar ante multitud de situaciones no previstas, pero manteniendo siempre el hilo conductor de los contenidos. Un factor clave en esta conexión ha sido estructurar la presentación de los temas de manera lógica y muy clara, utilizando en todo momento ejemplos o actividades prácticas para involucrar a los estudiantes. El tiempo dedicado a planificar y organizar, no solo el contenido de los programas sino, sobre todo, las actividades prácticas del alumnado fuera del aula, ha ayudado al alumnado a familiarizarse con el contenido de sus asignaturas y a aumentar la confianza entre ambos.

En este proceso de aprendizaje educativo, también han sido esenciales las conversaciones con sus colegas y amigos, con los que ha compartido problemas y frustraciones docentes, ya que en muchas ocasiones han supuesto un importante apoyo emocional a la hora de compartir experiencias comunes y consejos prácticos. Compartir preocupaciones y obtener diferentes perspectivas sobre las "distintas maneras de pintar un cuadro" han sido clave en el crecimiento profesional y personal para él ya que siempre ha tratado de mantener una actitud positiva y abierta para enfrentarse con confianza a cada una de sus "primeras clases".

Aunque nunca pensó en dedicarse a la docencia, desde que la vida lo llevó a las aulas se ha sentido muy afortunado con su trabajo porque le apasiona poder compartir lo aprendido y aproximarse al saber de la Sociología subido a la montaña, acompañado por su alumnado. Interactuar con ellos y tener la oportunidad de ver su crecimiento académico y personal son para él los aspectos más gratificantes de la enseñanza universitaria, ya que entiende la profesión como un "acompañamiento" al alumnado hacia su autoaprendizaje, en el que el profesorado debe proponer distintas posibilidades de aproximación a la realidad y los estudiantes eligen qué cuadro pintar y cómo pintarlo.

Durante todos estos años ha podido hablar con su alumnado sobre la sociedad, los medios de comunicación, las desigualdades, la pobreza y la riqueza, la multitud y diversidad de personas que forman parte del mundo, la importancia del respeto al otro, la importancia de la vocación profesional, sobre la familia y el papel-relación entre padres e hijos, sobre la escuela y la compleja relación entre alumnado-profesorado, sobre la naturaleza, el medio ambiente y su equilibrio inestable, incluso han hablado sobre la vida, el amor y la muerte.

La enseñanza en la universidad siempre ha supuesto un desafío intelectual constante para él, con la preparación de las clases, el diseño de los cursos, la actualización de sus contenidos y la adaptación año tras año a las nuevas necesidades de los estudiantes, huyendo siempre de las clases teóricas y magistrales y buscando el desarrollo de contenidos que le permitieran interactuar con ellos de forma creativa, con el fin de lograr su máxima participación.

Desde que se enfrentó a su "primera clase" la enseñanza ha supuesto para él una oportunidad no solo de crecimiento profesional sino también personal, gracias a la interacción con los estudiantes y la posibilidad de poder investigar y colaborar con otros profesores, ampliando sus conocimientos y habilidades sobre la realidad social y sobre las múltiples posibilidades de "pintar un cuadro". De hecho, a lo largo de todo su proceso formativo siempre ha sido consciente de que la complejidad de los problemas sociales requiere un enfoque multidisciplinar que involucre diferentes métodos y perspectivas para abordarlos de manera integral.

Esta fue la razón por la que en su "primera clase" tomó una decisión que no ha dejado de repetir año tras año tras la presentación del programa y sus contenidos: repartir en el aula una cuartilla en blanco y dictarles una definición ininteligible y tediosa sobre la "sociología" que debían copiar y que él debió aprender en su primer año de carrera -el profesor de dicha asignatura la impuso como pregunta obligatoria en su examen, pero él se negó a memorizarla y esto le supuso el primer y único suspenso de su carrera-. Siempre ha realizado el dictado de la definición muy rápido, creando cierto desconcierto entre sus estudiantes y, una vez todo el alumnado la había copiada, pasaba una papelera para que la tiraran dentro mientras les explicaba que la realidad social obliga a acceder a ella a través de diferentes marcos conceptuales y metodológicos y es imposible que una única definición abarque todas las realidades posibles. La complejidad es inherente a la sociedad y su objetivo de estudio, que son los seres humanos, se convierten en sujetos-objetos pues a la vez son observadores y observados y construyen sus propios constructos a través de una visión subjetiva de "múltiples cuadros" que nos ayudan a entender cómo los individuos perciben y experimentan su realidad social.

*La importancia de la educación y la motivación*

Para este "viejo profesor", siempre ha sido fundamental trasmitir a su alumnado la importancia de tener una actitud positiva hacia la educación, la vida en general, la creatividad y la curiosidad por aprender. Para plantear este cambio de actitud en clase, una práctica habitual que ha venido realizando desde su "primera clase" y repitiendo año tras año y grupo tras grupo -fueran de la carrera o titulación que fueran-, ha aprovechado el hecho de que algunos estudiantes entren en el aula más tarde de la hora señalada para el inicio de las clases

El primer día siempre resulta habitual en la universidad que algunos alumnos entren en el aula tarde y el profesor -que como responsabilidad básica para poder dar ejemplo debe estar siempre presente en el aula antes de la hora de inicio de su clase- puede actuar de varias formas distintas: no darle importancia al retraso; llamarles la atención; o en su caso, les invitaba a volver a entrar al aula, pero de una forma poco habitual. En primer lugar, no podían pedir permiso para entrar ni podían golpear con los nudillos la puerta para solicitar su entrada; en segundo lugar, les invitaba a que entraran sonriendo y con unos "buenos días" al resto de compañeros que ya estaban en el aula o, en caso de que no estuvieran predispuestos al saludo, que entraran sin más y ocuparan asiento en las primeras filas.

Esta práctica la ha repetido durante todos sus años de docente y en todas sus clases, con tres objetivos muy claros: el primero, muy personal, ya que desde que fue estudiante nunca entendió la actitud intransigente del profesorado que no permitía entrar al aula al alumnado que no estuviera cuando la clase había comenzado -él mismo fue muchas veces uno de los retrasados no admitidos-; en segundo lugar, desestresar al alumnado que llegaba tarde, muchas veces en contra de su voluntad y como resultado de esta vida estresante propia de las sociedades modernas que, en numerosas ocasiones, nos dificulta llegar a tiempo; y por último, normalizar el retraso y demostrarles que lo importante no es llegar a tiempo a clase, sino con el interés de asistir para compartir lo que allí ocurra, ya que en caso contrario, lo mejor es no entrar al aula y quedarse durmiendo, en la cafetería con los colegas o en la biblioteca trabajando.

Entre las diversas prácticas educativas innovadoras y exitosas que plantea César Bona en su libro "La nueva educación", en el que propone una educación más humana, creativa e inclusiva -tres premisas clave para nuestro profesor-, Bona propone una dinámica que forma parte de las clases de nuestro profesor desde entonces: pasar lista (algo que siempre le había resultado tedioso y excesivamente controlador), pero de forma diferente a la habitual

El primer día de clase, como parte de la toma de contacto formal con el alumnado, solía pasar lista, para confirmar que en la misma estaba todo el alumnado que correspondía a su grupo y aunque siempre había modificado la forma de hacerlo -ya que nunca empezaba por la primera persona que en ella aparecía con el fin de romper la rutina-, ahora al nombrar a cada uno de los asistentes les proponía que de la respuesta excluyeran los monosílabos (sí/no/yo) y las respuestas estándar (presente, aquí, estoy, etc.) y las sustituyeran por una palabra o frase creativa. El objetivo no ha sido otro que el de percibir el estado de ánimo del alumnado con su frase/palabra y a partir de su tipo de respuesta, intentar estar atento a sus necesidades durante la clase.

La educación es un proceso acumulativo que permite a las personas adquirir conocimientos, habilidades y valores tanto en su desarrollo personal como profesional, y estas dos actividades tratan de reflejar la importancia que para él siempre ha tenido la motivación en el proceso de aprendizaje de los estudiantes, ya que, para él, la motivación es un factor clave que predispone al estudiante a aprender y estimula su capacidad para retener y aplicar los conocimientos adquiridos, mejorando considerablemente su rendimiento académico, proporcionándole las herramientas necesarias para tener éxito en su carrera académica y profesional, al facilitarles más oportunidades de empleo.

En el terreno personal, el aprendizaje continuo brinda a los estudiantes y al profesorado la oportunidad de mejorar sus habilidades y retener los conocimientos adquiridos, facilitando el análisis y comprensión de la información más relevante a la hora de tomar decisiones bien documentadas. El estar bien informados permite evaluar diferentes opciones y considerar las consecuencias en la toma de decisiones, ayudándoles a mantener enfocados los objetivos y a superar los obstáculos que puedan surgir, ya que mejora considerablemente la capacidad de adaptación a los cambios que ocurren en nuestro entorno. Además, una buena formación contribuye al desarrollo de la sociedad en su conjunto, ya que los estudiantes formados y motivados tienen un impacto significativo en su comunidad al ser más efectivos en sus actividades diarias, mejorando la calidad de vida de su entorno y la toma de decisiones instruidas sobre su salud, finanzas y otros aspectos importantes de la vida.

*La relación con sus estudiantes*

Otro aspecto fundamental en el proceso de aprendizaje y que siempre le ha preocupado ha sido la relación con su alumnado. Sin embargo, como en cualquier relación interpersonal, en ocasiones han surgido conflictos que han afectado a la calidad de la educación y al clima del aula: algunos como las diferencias de opinión, las diferencias culturales o las dificultades de aprendizaje, han formado parte del día a día en su aula y han contribuido a enriquecerlo; otros conflictos como la falta de comunicación o de respeto han afectado de forma directa a la calidad de las clases y ha sido necesario desarrollar estrategias para abordarlos y poder resolverlos.

Las diferencias de opinión son comunes en cualquier relación interpersonal y para nuestro profesor, el alumnado puede y debe tener opiniones diferentes a las suyas sobre los contenidos desarrollados en las clases, o sobre un tema en particular, a partir de sus propias vivencias, por lo que siempre ha intentado que dichos puntos de vista fueran planteados en el aula, ayudándoles a superar la vergüenza de hablar en público y a manifestar sus discrepancias. Para él la clave de la comunicación con su alumnado ha sido la escucha activa, lo que le ha obligado, desde su primera clase, a esforzarse por comprender sus perspectivas y puntos de vista, prestando atención a sus comentarios, haciéndoles preguntas sobre los contenidos planteados en clase y mostrando interés por sus aportaciones, aunque en ocasiones no le ha resultado fácil encontrar puntos en común.

Para superar las diferencias con el alumnado y centrarse en encontrar soluciones animándoles a participar y a que las expongan, siempre ha utilizado en sus clases una pelota de plástico "sonriente" que les ha ido pasando de manera aleatoria, para motivarles a responder preguntas que él mismo formulaba sobre los contenidos que estaba exponiendo o para incitarles a formular otros puntos de vista o experiencias personales sobre los temas que se trataban en clase. Cualquier participación siempre ha sido valorada con "gomets positivos" que en su sistema de evaluación han tenido un valor real como parte de la calificación final, ya que reflexionar sobre sus distintos enfoques y considerar nuevas ideas, identificando fortalezas y debilidades, ha ayudado a sus estudiantes a descubrir herramientas que luego podrían utilizar en el futuro con sus propios alumnos de infantil o primaria, y a él mismo, a analizar el proceso de aprendizaje y enseñanza, resolviendo la discusión con sus estudiantes de manera constructiva.

Para nuestro profesor, la reflexión es fundamental en el proceso de aprendizaje porque fomenta el desarrollo de la autoconciencia, lo que implica comprender las propias fortalezas, debilidades, valores y metas, desarrollando habilidades como el pensamiento crítico, la resolución de problemas y la toma de decisiones informadas. Al reflexionar sobre su propio proceso de aprendizaje o enseñanza a partir de los textos trabajados y contenidos expuestos en clase, los estudiantes y docentes pueden analizar diferentes perspectivas y considerar diferentes soluciones, construyendo su propio conocimiento y comprensión de los temas y conceptos e identificando nuevas conexiones y relaciones entre los conceptos. La reflexión también le ha ayudado a analizar su propia práctica docente al desarrollar estrategias para mejorarla, identificando áreas de mejora y plantear nuevas estrategias para satisfacer las necesidades cambiantes de su alumnado.

En ocasiones, la falta de tiempo en el desarrollo de la programación ha entorpecido las posibilidades para que pudiera interactuar con sus alumnos de forma plenamente satisfactoria, lo que ha dificultado la comunicación efectiva entre ambos y que sus estudiantes hayan podido tener la percepción de que no les estaba prestando la atención necesaria o que no se les estaba dando la retroalimentación que necesitaban para mejorar su comprensión sobre las explicaciones. Cuando esto ha ocurrido ha intentado identificar los conceptos clave fundamentales para la comprensión de los temas en lugar de intentar explicar todo el contenido, tratando de proporcionar una explicación más clara y concisa. Desde su "primera clase" siempre les ha suministrado textos básicos y lecturas de apoyo para que trabajaran la lectura activa, el subrayado y la elaboración de resúmenes, con el objetivo de ayudarles a comprender el tema de la manera más efectiva en un período de tiempo más corto.

Cada vez que se ha encontrado con estudiantes con dificultades de aprendizaje que ha afectado a su desempeño académico (problemas familiares o problemas de aprendizaje específicos), ha tratado de crear un ambiente inclusivo y respetuoso en el aula, fomentando la participación activa de todos sus estudiantes para que valoraran a sus compañeros, y promoviendo la colaboración y el trabajo en equipo. Además, siempre ha proporcionado recursos y apoyo adicional y personalizado a los estudiantes con dificultades específicas para ayudarles a mejorar sus niveles de aprendizaje.

Por lo tanto, la atención tutorizada ha sido una herramienta que siempre ha utilizado para ayudar en el desarrollo integral de sus estudiantes, ya que satisface mejor las necesidades de los estudiantes que tienen dificultades de aprendizaje y de atención, al mismo tiempo que permite a todo el alumnado mejorar sus competencias y habilidades, tanto profesionales como sociales, al ajustar las técnicas de enseñanza a las habilidades y necesidades específicas de cada uno de ellos, estableciendo un espacio de diálogo personalizado con un alumnado que se siente más cómodo en las tutorías individuales a la hora de manifestar sus debilidades y preocupaciones en la materia, ayudándoles a mejorar su rendimiento académico.

La falta de comunicación con su alumnado es, sin duda alguna, el conflicto más común al que se ha enfrentado a lo largo de todos sus años de docente y que le ha obligado a mejorar sus habilidades de comunicación a la hora de explicar los conceptos de manera estructurada, clara y concisa, y expresar sus ideas y opiniones de manera objetiva y respetuosa. Siempre ha evitado el uso de lenguaje ofensivo o despectivo, respetando las opiniones y necesidades de sus estudiantes y trabajando juntos para encontrar soluciones ante la hostilidad de alumnado díscolo a través de la negociación y el diálogo abierto, lo que le ha permitido escuchar las necesidades de los alumnos y proporcionar retroalimentación constructiva, cediendo, si la situación lo requería, en ciertos aspectos (criterios de evaluación, contenidos del programa, realización de prácticas, etc.), con el objetivo claro de encontrar un punto de encuentro con su alumnado, comprometiéndose a buscar soluciones que ayudaran a resolver cualquier discusión.

El trabajo en equipo en el aula ha sido clave para mejorar la calidad de sus clases y abordar los conflictos con sus alumnos, ya que les ha permitido: aprender a relacionarse con sus compañeros y mejorar considerablemente sus habilidades interpersonales; aprender a comunicarse de manera efectiva; aprender a resolver conflictos y a colaborar en la consecución de objetivos comunes; y a él le ha permitido identificar las áreas en las que sus estudiantes necesitaban más atención, proporcionándoles los recursos y el apoyo adicionales a través del resto de sus compañeros del grupo, por lo que el refuerzo no se hacía evidente y no generaba en el alumnado que lo necesitaba ningún complejo de inferioridad.

Al trabajar en equipo, los estudiantes se sienten parte de un grupo y desarrollan un sentido de pertenencia a la clase, ya que desde el trabajo en grupo se promueve un ambiente de apoyo, amistad y colaboración que refuerza los vínculos sociales entre ellos a través de la interacción social, fortaleciendo los lazos entre los miembros del grupo y la clase misma desde el respeto, la tolerancia, la solidaridad y la empatía. Además, al trabajar juntos en la resolución de problemas, los estudiantes pueden compartir conocimientos, ideas y perspectivas diferentes encontrando soluciones más creativas y efectivas, lo que mejora significativamente su rendimiento académico y su visión en general, ya que trabajar en equipo implica la capacidad de trabajar de manera colaborativa, coordinar esfuerzos, delegar tareas y aprovechar las fortalezas individuales de cada miembro del equipo, habilidades fundamentales en el mundo laboral y en la vida cotidiana.

## Lo que aprendí: experiencias exitosas y errores que cometí

### La puesta en marcha de "buenas prácticas"

Desde su "primera clase" siempre ha considerado fundamental la realización de actividades prácticas a fin de fomentar la participación de sus estudiantes en el proceso de aprendizaje, promover la reflexión y el diálogo y lograr un desempeño efectivo y eficiente de los contenidos de sus clases. La combinación de clases teóricas con clases prácticas ha ayudado a sus estudiantes a comprender la programación de manera más segura, por eso siempre ha preferido estructurar sus clases a través de un enfoque más práctico y experimental y menos teórico y conceptual, recurriendo a ejemplos y analogías que han ayudado a su alumnado a visualizar los conceptos y comprenderlos mejor. Además, las clases prácticas le han permitido obtener una retroalimentación constante y constructiva de sus estudiantes, incentivar el trabajo en equipo y la colaboración entre ellos al tener que trabajar de manera cooperativa.

Para abordar este modelo de aprendizaje abierto y participativo, ha utilizado una gran variedad de métodos de enseñanza que le han permitido adaptarse a diferentes estilos de aprendizaje, ofreciendo oportunidades a su alumnado para la participación activa, la experimentación y la aplicación práctica del conocimiento. El uso de las distintas tecnologías y de los recursos en línea, como vídeos y tutoriales, le han resultado de gran utilidad para proporcionar una explicación más detallada de la programación, ahorrándole tiempo y proporcionando una explicación más completa de los temas.

A la hora de llevar a cabo las prácticas, siempre ha intentado que éstas se realizaran fuera del aula ya que han facilitado que su alumnado conectara con la realidad exterior, fortaleciera su currículum vitae, aprendiera de manera práctica y estableciera contactos reales con el mundo laboral, al adquirir habilidades y competencias que siempre son muy valoradas por las empresas a la hora de optar a un puesto de trabajo profesional.

Una de sus primeras experiencias la estructuró en torno a la asignatura de Sociología Urbana de la que fue responsable durante sus primeros años. Los contenidos de la misma se centran en el estudio de las ciudades y los procesos sociales que se desarrollan en ellas y uno de los aspectos más importantes es el estudio de la evolución histórica de las ciudades, desde su origen hasta la actualidad. Para abordar la asignatura utilizó la ciudad de Valencia como laboratorio real y desde el primer día, utilizó la ciudad como aula de aprendizaje, al visitar con sus estudiantes los distintos espacios urbanos de la ciudad desde los primeros asentamientos de origen romano hasta la actualidad, con el fin de que su alumnado entendiera cómo han evolucionado las ciudades y visualizara cómo se fueron construyendo y organizando los espacios urbanos a lo largo del tiempo, tanto en términos de su estructura física como de sus procesos sociales, mientras la ciudad y las condiciones de vida de las personas que habitan en ella se iba transformando y se iban diseñando y aplicando políticas y estrategias para su desarrollo.

Las clases se agrupaban en un único día semanal y durante cuatro horas visitaba con sus estudiantes la ciudad, recorriendo cada semana edificios, museos y barrios relacionados con cada época histórica vivida por la ciudad. Esta organización de las clases le permitió también trabajar la morfología espacial de las ciudades, que es otro aspecto fundamental de la asignatura, y cuyos contenidos se centran en el estudio de la estructura física de las ciudades, incluida la distribución de la población, la organización del espacio urbano y la planificación urbana.

Cada semana organizaba visitas a pie a partir de un punto histórico en el que quedaba con sus estudiantes, pero además se realizaban dos recorridos en autobús para que su alumnado pudiera salir del centro histórico y recorrer el área metropolitana; estas dos visitas ayudaron a los estudiantes a comprobar cómo la ciudad se ha ido formando urbanísticamente, cómo se han distribuido sus edificios y se ha organizado el espacio urbano y cómo la planificación urbana de la ciudad ha ido incorporando las necesidades y demandas culturales de los habitantes a través del diseño de los espacios urbanos. Esta visión macro urbana permitió a su alumnado ampliar el conocimiento de la ciudad a las teorías territoriales y a la planificación territorial, ayudados con lecturas de diferentes textos con enfoques y estrategias basadas en autores especializados, seleccionados en base al desarrollo de la programación de la asignatura y cuyos textos iban leyendo y compartiendo en cada una de las visitas que realizaban.

El objetivo básico de la asignatura era que su alumnado desarrollara las competencias necesarias para entender el crecimiento paulatino de la ciudad, al incluir el diseño de proyectos de investigación, la recopilación y el análisis de datos y ampliar la perspectiva sociológica al análisis de la ciudad, a través de los conceptos y herramientas de la sociología urbana que se iban analizando en cada una de las visitas, sobre los procesos sociales que se habían desarrollado en la ciudad como la desigualdad social, la segregación urbana y la movilidad social. La evaluación de la asignatura consistía en la presentación de un informe individual sobre la evolución urbana de la ciudad de Valencia, a partir de las visitas realizadas y de los contenidos teóricos trabajados durante todo el curso.

Una segunda experiencia práctica que puso en marcha a través de una asignatura que se ofertaba en cursos de formación para créditos de libre disposición a todo el alumnado de la Universidad, fue sobre la sociología de la música y su relación bidireccional con la sociedad. La herramienta fundamental utilizada en todas sus clases eran las audiciones musicales a partir de las que se desarrollaban los contenidos de la asignatura sobre la evolución de la música y el estudio de las subculturas musicales, concebidas como grupos sociales que comparten una afición por un determinado tipo de música y que siempre han estado vinculados a los múltiples estilos musicales que han ido surgiendo.

Para el desarrollo de todas las sesiones utilizó siempre recursos en línea, como vídeos y grabaciones, y acompañaba algunas sesiones con especialistas sobre los distintos temas tratados. Estas audiciones permitían, por un lado, diversificar los materiales empleados en los cursos y ampliar las herramientas disponibles para los estudiantes, y por otro, facilitar una comprensión sencilla de los contenidos y que el alumnado pudiera aprender a su propio ritmo y en su propio tiempo. El resultado más evidente era la elevada participación del alumnado en las sesiones y su alto nivel de implicación y satisfacción. La forma de estructurar las sesiones y ofrecer temas abiertos propuestos por ellos mismos, fomentaba una conexión personal con el contenido y ayudaba a comprender mejor los temas y a mantenerse motivados en las sesiones.

El recorrido de la asignatura se estructuraba en dos bloques: una primera parte más conceptual realizaba un recorrido por la historia de la música y sus instrumentos, desde la prehistoria hasta la actualidad, pasando por el canto gregoriano, la música renacentista, la música barroca, la música clásica, la música romántica y la música contemporánea; una segunda mucho más práctica y dinámica, partía de los orígenes del rock and roll que surgió de la mezcla de varios géneros musicales, como el góspel, blues, jazz, country y rock&blues, y evolucionó a lo largo de décadas, dando lugar a numerosos subgéneros y estilos como el rock psicodélico, el rock progresivo, el punk rock, el heavy metal, el grunge, el indie rock, entre otros, así como a multitud de bandas y artistas que han tenido una gran influencia en la cultura popular y en la sociedad actual y que eran analizados en las sesiones de clase a través de distintos especialistas.

En alguna ocasión y cuando las circunstancias lo permitían, asistía a algún concierto en directo con sus estudiantes. Estas audiciones en directo eran voluntarias y ofrecían a los estudiantes la oportunidad de experimentar la música en un entorno real y práctico, viviendo la emoción y la energía de la música en vivo, lo cual es fundamental para comprender y apreciar plenamente el arte musical. Si algún estudiante que tocara un instrumento se ofrecía, les invitaba a mostrar sus habilidades y logros musicales en el aula, lo que les hacía sentirse valorados y reconocidos por su desempeño, aumentado su autoestima al tocar en vivo frente a sus compañeros.

Desde que comenzó a impartir docencia en la Facultad de Magisterio a través de la asignatura de Sociología de la Educación, fue consciente de lo importante que era que su alumnado saliera del aula y visitara los centros escolares, ya que esto les posibilitaba tener un acercamiento al mundo laboral y aplicar los conocimientos adquiridos en el aula a un entorno real como el colegio. En estas visitas los alumnos conocían de primera mano cómo se desarrollan los procesos educativos en los centros escolares (su futuro lugar de trabajo. Tras las visitas se realizaba una pequeña reunión de grupo para analizar lo aprendido y confrontarlo con lo explicado en el aula. Esto era básico para comprender mejor cómo funcionan los centros escolares y su engranaje en la educación en general.

La visita a los centros escolares siempre se ha realizado a primera hora, en una de las dos sesiones semanales, y se planificaban todas las visitas al principio de curso. Los alumnos debían acudir al centro escolar correspondiente (público, concertado y privado) 15 minutos antes de la hora de entrada al colegio para observar desde fuera lo que allí ocurría: el encuentro entre familiares-acompañantes, profesorado y alumnado con el colegio. Después eran recibidos por algún miembro del equipo docente del centro que realizaba una exposición abierta sobre el proyecto educativo del colegio y las características del centro, del alumnado, del profesorado y las familias. El resultado de todas estas visitas finalizaba con un informe descriptivo de las mismas, un análisis sobre los distintos modelos de centros visitados y un ensayo personal sobre el centro seleccionado por el alumnado para en un futuro hipotético ejercer como docente en el mismo.

Se podría concluir diciendo que para él la clave de éxito en el proceso de aprendizaje con sus estudiantes siempre ha sido la interacción con ellos porque le ha permitido fomentar un aprendizaje activo con su alumnado, promoviendo la comunicación efectiva en el aula, facilitando el intercambio de ideas, la discusión y el debate constructivo, resolviendo problemas de manera colaborativa y creando un ambiente de confianza en el aula a través de una comunicación abierta y respetuosa. La interacción con sus estudiantes también le ha permitido identificar sus necesidades y dificultades, proporcionándole el feedback y la retroalimentación necesarios para poder adaptar su enseñanza (tanto a nivel grupal como a nivel individual) de forma mucho más cercana y personalizada, lo que ha aumentado la motivación y el compromiso de sus estudiantes al sentirse valorados, escuchados y apoyados en su proceso de aprendizaje.

Para nuestro "viejo profesor" la educación no solo ha sido clave en el desarrollo personal y profesional -tanto de su alumnado como de él mismo-, sino que es primordial para la construcción de una sociedad más igualitaria y un mundo mejor. La educación es un derecho humano básico que permite sacar a las personas de la pobreza -los estudiantes formados tienen más oportunidades de empleo y de tener una carrera exitosa-; superar las desigualdades de clase, etnia y género; luchar contra la discriminación y la violencia de género; garantizar la autonomía individual; desarrollar habilidades y conocimientos que les permiten tener éxito en su carrera profesional y en su vida personal; y contribuir de forma muy significativa a la construcción de una sociedad más justa.

## Testimonio del alumnado

Jaime

Mi nombre es Jaime Rufino González y quiero contarles mi experiencia como alumno del profesor Juan Ramón Martínez Morales.

He tenido la suerte de ser su pupilo en el Máster de Profesor de Educación Secundaria en la asignatura de Sociedad, Familia y Educación.

Juan Ramón es el culpable de que mi visión sobre el sistema educativo español diera un giro de 180º. Recuerdo aquellas primeras clases en la que ese hombre siempre apresurado y sudando la gota gorda literalmente, nos mantenía en vilo, pendiente de cada una de las palabras que transmitía con una entonación contundente y un mensaje claro cargado de verdad, nos subíamos a esa montaña ficticia de la que nos hablaba y contemplábamos la sociedad que ha dado lugar a nuestra escuela para entender de dónde venimos, donde nos encontramos y a donde queremos llegar.

Pero la clave que hace de Juan Ramón ese profesor a destacar, y que haya supuesto un referente en mi camino como estudiante sucede en los primeros días de clase. Juan Ramón nos habla de llevar a cabo "dinámicas" con nuestros futuros alumnos con el fin de transmitir el mensaje de una manera diferente, interesante, motivadora y para que el aprendizaje sea lo más significativo posible, huyendo, de esta manera, de la clase magistral y de los sistemas de enseñanza-aprendizaje tradicionales. Después de un par de días hablando de estas dinámicas, de una educación con un componente más emocional y menos academicista, de las nuevas leyes de educación, y un sinfín de nuevas estructuras que desmontaban los procedimientos tradicionales de mi escuela.

Mi reacción fue la siguiente: "profesor, después de varios días hablando de dinámicas, y esta escuela "hippie" de la que nos hablas, me siento excluido de tus clases, yo no entiendo esta "fiesta", es más, mi YO alumno de secundaria, que fue tan exitoso como estudiante, dudo que pudiera ser igual de exitoso en una clase organizada de esta manera en la que se da tanta importancia a interactuar con los compañeros y menos a estudiar y aprender."

Craso error.

Finalmente, su asignatura la preparamos los grupos de compañeros, de acuerdo con las directrices que Juan Ramón nos fue marcando, mediante esas dinámicas a cuál más original y todas ellas con esa intención de hacer el mensaje permanente. Y entendí que ese YO alumno de secundaria también podía encontrar su lugar en esa nueva escuela y que de esta manera cada uno de los alumnos son los protagonistas de su aprendizaje.

Gracias a ello, y a lo que aprendí en sus clases, actualmente, mi esfuerzo se centrará en dar cuerpo a sesiones y situaciones de aprendizaje en las que mis alumnos aprendan significativamente sin dejar a nadie atrás.


Pablo

La vida de Influencer.

Me llamo Pablo, soy maestro de primaria y una de las suertes de mi recorrido profesional fue cruzarme con Juan Ramón un jueves "tontorrón" en Septiembre del 14.

No es algo extraordinario, y por ello creo que es fácil de entender. Para poder hablar de aquellas clases, de lo que supuso todo aquello, es importante situarse en un escenario que para todos sea fácil de entender. Yo llegué de nuevas a Valencia, nunca antes había estado. Aquel día estrenaba: Ciudad, casa, facultad, carrera, los que serían mis amigos y un sin fin de profesores… Un pequeño cóctel emocional, marcado especialmente por la inseguridad a lo desconocido.

Todos éramos del mismo gremio. Profesores (en acto), y profesores (en potencia), al fin y al cabo, ¡Maestros!

Juan Ramón, "JuanRa" cómo le llamábamos, llegó lo que podríamos calificar como "un elefante en una cacharrería". En sus clases no había teoría, ni powers eternos, todo se hablaba, todos los puntos de vista se compartían, todos comentamos, debatimos, nos expresamos.

Eso fue quizá lo que más me marcó. Con JuanRa se hablaba y él escuchaba. "Tenemos una boca y dos orejas; hasta la naturaleza lo dice, es el doble de importante escuchar que hablar" Recordaré perfectamente el día que comentamos esa frase en clase. Nosotros no lo sabíamos aún, pero él nos preparaba para poder estar a la altura de nuestros futuros alumnos. Es mucho más importante escucharlos que no parar de hablar….

Si tuviese que definir estos años con JuanRa en una palabra, típica pregunta que se hace a la gente... Sería sin lugar a dudas "Protagonismo". Tú te sentías protagonista en sus clases. Lectura de textos, cuentacuentos en grupo, dinámicas de pensamiento deductivo, el mítico "súbete a la montaña (silla) y mira con los prismáticos del maestro". Todo se aprendía a base de participar, investigar, leer. Era un recorrido de la mano, era un "vamos juntos a buscar la verdad". Él muchas veces nos decía que no tenía las respuestas de todo y que, por eso mismo, juntos podíamos descubrirlas.

Uno de los puntos más fundamentales para hablar de JuanRa fue las veces que nos llevaba a escuelas en riesgo de exclusión. Hablábamos con los directores, los profesores, incluso con los alumnos. Conocer todo aquello, "a pie de pista" que podríamos decir, fue un auténtico regalo. A raíz de esas vistas y de conocer aquellas escuelas surgieron proyectos solidarios en los que a día de hoy se cuentan a centenares los voluntarios involucrados. Si ese tipo de escuelas nos las hubiera explicado en un power point ¿qué habría sido de toda esa movida que nació en su aula? ¿Quién sabe? Todo esto da para otro libro...

Claramente es un profesor caracterizado por su involucramiento educativo con sus alumnos. Es verdad que fue mi profesor, pero a día de hoy, sé que es mi amigo. Gracias a esa actitud yo he descubierto hasta qué punto los docentes tenemos el papel de un Influencer.

A mí JuanRa me ha enseñado muchas dinámicas, muchos recursos y lecturas. Lecturas no solo de artículos académicos, si no de novelas. Libros que hablan de profesores, de alumnos, de familias. De historias que, si uno hace lo que tiene que hacer, se escribirán en su día a día.

¿De sus clases, qué es lo primero que te viene a la mente? ¡¡La sonrisa!! No podría responder otra cosa. El poder de la sonrisa era para él el más grande de los poderes -si un maestro no sonríe, ni es maestro ni es na'-

JuanRa me enseñó que ser maestro es como tener siempre algo en el fuego. Es esa actitud alerta, esa preocupación constante de saber que cada acción va seguida de una gran responsabilidad. Un buen maestro no se improvisa.

Me gustaría acabar con unas letras de un gran poeta de nuestros días, Miguel Ángel Herranz (alias Miki Naranja o Miki Perdiz). Resumen perfectamente el tipo de profesor que es JuanRa. Totalmente sumergido en la educación actual, comprometido, actualizado, preocupado y responsabilizado de su papel. Por eso, a pesar de como "esté el mundo" él siempre sabe qué horizonte otear.

"Admiro a los que hunden sus pies en el barro

sin dejar de mirar las estrellas.

Aterrados.

Cuerpo a tierra.

Mente en alto."

 M. P.

Pablo Piñas Minguet

Patricia

Si tuviera que describir a Juan Ramón en 3 palabras serían claramente: vocación, pasión e influencia.

Son 3 palabras con mucha fuerza, que sin duda encajan a la perfección con su forma de ser personal, que cómo no, se traslada al ámbito profesional.

Comenzaré por la primera, VOCACIÓN. No es muy habitual ver a alguien trabajar con tanta entrega, dedicación y cariño en su labor. Es un maestro que pretende transmitir, con el corazón, vivencias y experiencias reales. Su energía para dar la clase, sus propuestas educativas, su contacto con los alumnos, la forma de cuidarlos..., todo ello viene dado por una vocación enorme hacia el ámbito educativo, hacia su labor como profesor.

Y esa gran vocación le hace llevar la PASIÓN como estilo de vida, la segunda cualidad. En todo es apasionado con sus amigos, su familia, sus alumnos y la educación en general. Le encanta leer sobre educación, le encanta involucrarse en todo lo que puede y, sobre todo, le encanta ser parte de su alumnado. Vivir su trayectoria con ellas y ellos y contagiarles esa manera apasionada de ver la vida, la infancia y la enseñanza.

Por último, no puedo olvidar la última palabra, INFLUENCIA. En el sentido de que es un hombre fiel a sus principios, que no sigue a los demás, con un estilo de dar clase que trata de remover corazones y estimular las mentes. Él no transmite conocimientos de forma unilateral, él comparte sensaciones y hace que entre todos construyamos la educación. Él inspira un cambio en la mirada para ver la educación desde la sociología intentando dejar huella y tener impacto en las nuevas generaciones para conseguir acercarnos a un mundo más humano.

En relación a esta última cualidad me gustaría destacar una de las primeras prácticas de clase que trataba sobre el poder de la sonrisa. Nos hizo analizar cómo influía la manera en la que nos mostramos a la sociedad. Cómo una simple sonrisa dedicada a las personas que se cruzaban en nuestro camino podía variar el ánimo, tanto de uno mismo como de los demás. Cómo una cara amable contagia, alivia, tranquiliza, alegra, desestresa y acompaña en el día a día.

Esta simple práctica se me quedó grabada y es algo que practico hoy en día en mi vida y sobre todo en el aula. Y es que la sonrisa de un docente hace crecer a los pequeños desde el afecto, la aprobación y la confianza. Y ese es uno de mis principales objetivos como maestra.

Patricia Villalonga Velasco

# Bloque II

## Maestros en el contexto brasileño

# Capítulo 6. Aprendiendo de un profesor de geografía de escuela primaria
## Paulo Roberto Magalhães

*Carta a quienes sueñan con cruzar los muros del colegio*

*Destinatario: Cualquiera que sueñe con cruzar los muros del colegio.*

*Remitente: El que los cruzó.*

Hola, joven Paulo, este soy yo, ¡un Paulo más experimentado! Sé que aún eres algo inexperto, pero estás lleno de sueños y de fuerzas para hacerlos realidad, con mucho coraje para superar los desafíos y prejuicios que puedan surgir. ¡Puedo decirte que esta valentía te llevará a ser reconocido tanto dentro como fuera de tu país! Pero antes de llegar allí, te contaré un poco sobre las fases de nuestro recorrido profesional. Será como una historia narrada y se divide en cinco fases, que se desarrollan entre los años 1991 y 2023.

La primera etapa en la educación comenzó entre 1991 y 2003. Durante este período me di cuenta de que la educación pública necesitaba otras direcciones. Los desafíos fueron inmensos, no quería repetir los errores que cometieron conmigo en los años 70 y 80, cuando era estudiante del sistema educativo estatal en el estado de São Paulo. En ese momento, nos encontramos con docentes estancados en una metodología de los años 60, en la que los estudiantes sólo reproducían discursos o textos que se les habían expuesto, y no los discutían, ya que esa era la política educativa de la época.

Hablando un poco de mi experiencia educativa, al inicio de mi carrera como docente enfrenté una serie de obstáculos. Cuando entré en el sistema de escuelas públicas, muchos no aceptaron mi idea de salir de las aulas y ampliar los conocimientos de los estudiantes. Ingresé en 1991, como profesor nocturno de Geografía en la Educación de Jóvenes y Adultos (EJA), y puedo decir que mi sensación era que ni siquiera los estudiantes querían un profesor crítico, que discutiera los problemas de la Geografía Crítica, solo un profesor. Un profesor que explicara textos en la pizarra con algunas preguntas que responder sin discutir ni fomentar el pensamiento.

Insatisfecho, decidí ese mismo año someterme a un nuevo proceso de selección para estudiar otra carrera. Conseguí acceder y comencé a estudiar Ciencias Sociales en la UNESP, en Araraquara, en 1992. A pesar de pasar por muchas dificultades económicas en ese momento, logré obtener una beca de investigación que también cubría mi alojamiento en mi primer año de carrera, lo que me ayudó a continuar.

Al año siguiente me reincorporé a la red educativa estatal, trabajé en una escuela rural y luego en otras escuelas de ciudades del interior del estado de São Paulo. Volví a probar en la realidad educativa. Quería llevarlos al campo, acercarles la escuela rural, porque al fondo de la escuela había una finca productora de caña de azúcar, y hay mucho que discutir en un espacio como este. Pero mis esfuerzos iniciales fueron en vano.

La realidad es que la comunidad escolar no entendió por qué insistí en que los estudiantes tuvieran la oportunidad de vivir una educación más humanista y no técnica. Con esfuerzo y un poco de insistencia logré convencer a la dirección del colegio para realizar una clase sencilla en el patio, estaba empezando a dar mis primeros pasos para salir del aula.

Al año siguiente me trasladaron a una escuela técnica pública y me vincularon al Departamento de Tecnología. Después de esa clase en el patio el año anterior sentí la necesidad de proporcionar escapes de la escuela. Hasta ese momento, esto era inaceptable para algunos equipos directivos. Recuerdo las primeras oportunidades de salir del aula y las actividades que quedaron grabadas en la memoria de los estudiantes que participaron. Estos viajes fueron mis primeros desafíos, porque en una ciudad mediana y extremadamente conservadora, ver a los estudiantes de escuelas públicas en la calle con un maestro hizo que muchos cuestionaran el método y dijeran que el lugar de un niño está en la escuela, dentro del aula y bien sentado junto a su mochila.

¿Y cómo combatir este pensamiento? ¿Cómo convencer a otros compañeros de que esta sería una forma de hacer que los estudiantes se apropiaran de su ciudad? Tenía en mente que los estudiantes debían conocer el lugar en el que viven, ya que es fundamental para ellos comprender sus propias historias, ayudando a construir su propia identidad. Este período me dio rumbo y bases para que, al final de mi carrera, naciera un proyecto llamado "Aula Pública", que conecta a los estudiantes con la ciudad donde viven. En estos primeros viajes me di cuenta de que ya desde mis primeras salidas dejé claro a la sociedad local que esa actitud podía traer resultados positivos en el aprendizaje del alumnado y que también el profesorado se sentiría motivados a salir con sus clases.

Afortunadamente supe afrontar la adversidad y demostrar que la perseverancia en ofrecer una educación significativa y de calidad puede cambiar mentalidades y fortalecer la educación pública. Nuestras salidas, a partir de ese período, fueron constantes. La dirección del colegio, así como algunos docentes, aceptaron mi propuesta e hicieron que nuestros alumnos entregaran informes de campo. La comunidad escolar se dio cuenta de lo positivas que fueron esas salidas y que la discriminación y la violencia en la escuela disminuyeron. Incluso se propuso en ese momento, una pintura colectiva entre estudiantes y el resto de la comunidad. Durante este período decidí realizar la Maestría en Arquitectura y Urbanismo en la FUCAMP en Campinas, aprobé y defendí mi tesis a finales de 2003.

Entonces entré en mi segunda etapa profesional, que fue del 2004 al 2009, un periodo muy intenso. En 2004 regresé a la capital de São Paulo, donde transferí mi cargo público a una escuela de la zona sur. Ahora con mi maestría en Urbanismo y la cabeza dando vueltas, entré a esta escuela con proyectos sobre lo urbano y trabajé con los estudiantes de 6º en el montaje de maquetas utilizando cajas de zapatos y otros materiales, para que los alumnos pudieran visualizar la ciudad y toda su dinámica. Estos proyectos me permitieron adentrarme en el mundo diferente de una gran ciudad con más de once millones de habitantes. En 2007 inicié mi segundo puesto público en la red educativa estatal, cerca de mi otra escuela. Allí empecé a desarrollar actividades de reconocimiento vecinal.

En el mismo año, entré como subdirector en la región de Ipiranga y me alejé de las aulas en mi nuevo puesto, pero volví a enseñar como docente de la EJA por las tardes, en mi puesto más antiguo en la red del estado de São Paulo. Trabajar ahora como gerente me abre nuevas puertas para apoyar proyectos que alienten a los docentes a buscar nuevos campos de aprendizaje, como la Feria Cultural, que aprovechó el conocimiento de los estudiantes y animó a los docentes a invertir en nuevas formas de aprendizaje.

Dicho así parece que fue fácil, ¿verdad? Pero fui encontrando muchos desafíos y barreras a diario. Independientemente de ellos, sé que dejé profundas huellas en este trienio como directivo. En 2008, terminé incorporándome a la Municipalidad de São Paulo, en el departamento de Geografía, despidiendo así uno de los cargos en la red del estado de São Paulo. Ese año entré en la Secretaría Municipal de São Paulo y empecé a trabajar en una escuela cercana al embalse de Guarapiranga, una región con varios problemas sociales. Solo estuve seis meses en esta escuela, pero eso no me impidió armar un proyecto que sacudió a la comunidad escolar. El proyecto trabajó las escalas cartográficas y proyectó la comunidad y el aula con cajas de zapatos, priorizando siempre el conocimiento del barrio por parte de los estudiantes. Algunos profesores aceptaron la idea y nos ayudaron en la creación de estas obras. Convencer a mucha gente en aquel momento no fue tarea fácil, ya que yo no era profesor estable sino suplente durante unas semanas, pero aproveché esta oportunidad para potenciar los conocimientos de los alumnos.

Al año siguiente fui trasladado a uno de los recién inaugurados Centros Educativos Unificados (CEU) de la Municipalidad de São Paulo, donde experimenté algunos contratiempos, especialmente causados por el desconocimiento de la dirección, que no entendía la relevancia de mi trabajo. En el transcurso de un año en este CEU se donaron a la colección del colegio 350 libros y revistas de circulación nacional. Quería hacer de la lectura un instrumento de conocimiento para los estudiantes que llegan a la nueva escuela, buscando transformar su realidad. Uno de mis objetivos era crear "Leitura Solidária" en ese momento, pero yo era complicado trabajar en solitario.

Entre 2010 y 2016 entré en mi tercera etapa profesional y quedó claro que a partir de 2010 todo cambió. Logré ser trasladado a la Escuela Primaria Municipal Duque de Caxias, en Bairro da Liberdade – Baixada do Glicério, subdistrito de Sé, y en el mismo año decidí renunciar a mi cargo de Subdirector de la red estatal, ya que había una incompatibilidad de horarios. Entonces, como era libre de afrontar nuevos retos, ¡decidí afrontarlos! En el momento en que entré en esta escuela, experimenté todo tipo de agresiones por parte de los estudiantes. Muchos profesores también se mostraron distantes, haciendo de mi experiencia una de las más difíciles en términos de relaciones humanas. Una gestión transitoria, una nueva coordinación y, conmigo, solo llegaba un profesor ese año. Un laberinto por desentrañar. La primera semana que llegué me presentaron a la Coordinadora Pedagógica Andrea Mattos, quien me preguntó si quería liderar un proyecto llamado "La ciudad esconde el río: la historia de la llanura aluvial de Tamanduateí". Sería una alianza entre la escuela, la Fundación Energía y Saneamiento y la Dirección Regional de Educación de Ipiranga, de la Municipalidad de São Paulo. A partir de este proyecto comenzaría a buscar en el territorio. La propia comunidad en ese momento no veía con buenos ojos que nuestros estudiantes fotografiaran el vecindario ni que intentaran entrevistar a los residentes. A veces escuchaba a algunas personas en la calle preguntar: "¿Quién es este tipo?".

Así, en 2016, año en el que surgió el proyecto institucionalizado "Aula Pública" —que hoy es reconocido tanto dentro como fuera del colegio— pudimos ver que el barrio que, aparentemente, "no estaba preparado para recibir estudiantes en sus espacios públicos", se mostraba receptivo al trabajo. Era un hecho que, en ese momento, los vecinos y trabajadores de la región no entendían lo que estábamos haciendo, no nos dejaban tomar fotos y ni siquiera estaban dispuestos a contar sus historias. ¡Pero poco a poco el contexto cambió y la participación comunitaria enriqueció aún más la propuesta!

Hoy en día, nuestro colegio, para que os hagáis una idea, reúne a más de mil alumnos desde primero hasta noveno año de primaria. Por la noche acoge clases de la EJA, la gran mayoría de las cuales son estudiantes extranjeros. Más de 45 nacionalidades están representadas entre el alumnado de la escuela, siendo los más comunes sirios, marroquíes, colombianos, angoleños, congoleños, dominicanos y haitianos. Todos participan activamente en el proyecto.

Concretamente, fue en junio de 2016 cuando salimos a la calle y la ocupamos. Tomé un mapa del estado de São Paulo y pedí a los estudiantes que se sentaran allí, en el suelo. Comenzó el cambio definitivo: la ocupación del barrio y de todos los espacios educativos de la ciudad, a través de un Aula Pública en uno de los pueblos y callejones del gran São Paulo. El objetivo, además de compartir conocimientos, siempre ha sido rescatar la historia del barrio y hacerlos sentir más cercanos a su realidad, impulsándolos a preservar la memoria material e inmaterial de la comunidad donde viven y estudian.

Las Aulas Públicas comenzaron a realizarse mensualmente, recibiendo no sólo escolares, sino también universitarios y diversas personas interesadas en el tema. No sólo ocupamos la Ciudad con acciones innovadoras que sensibilizaron a la comunidad, sino que también abrimos la escuela para recibir a sus integrantes con acciones encaminadas a recuperar la ciudadanía y diferentes proyectos que acogieron a todos, sin importar su nacionalidad.

El éxito del proyecto impactó a la dirección de las Secretarías de Educación de algunos municipios del Estado de São Paulo, que expresaron su interés en replicar la metodología de Aulas Públicas en sus municipios. Luego propuse la estructura de una guía, llamada "Los siete pasos para organizar un Aula Pública" para ayudar a replicar la propuesta en otros entornos y contextos.

Si puedo resumir lo que me llevó a proponer el proyecto Aula Pública, diría que el mundo está cambiando y esto está sucediendo a una velocidad sin precedentes en la evolución histórica de la humanidad. Por lo tanto, necesitamos urgentemente estar conectados a las innovaciones en la enseñanza, con el objetivo de contribuir verdaderamente a la educación. Además, la interacción entre estudiantes y profesores se ha vuelto mucho más dinámica en los últimos años. Tenemos el deber de aprovechar esta nueva oportunidad para dialogar y fortalecer el objetivo de formar ciudadanos críticos, capaces de transformar el lugar donde viven de manera consciente e innovadora.

En mi cuarta etapa profesional, que va del 2017 al 2019, trabajé en un colegio cercano al barrio. Ocupamos las calles, plazas, pasos y callejones con caminatas, procesiones, investigaciones de campo, actividades de caminata con Aulas Públicas en todos los locales educativos de la ciudad de São Paulo. La Cooperativa de Recicladores, la Iglesia Nossa Senhora da Paz, la Biblioteca Municipal, el Palacio Municipal, el Solar da Marquesa de Santos, la Praça da Sé, entre muchos otros espacios educativos de la ciudad de São Paulo, fueron escenarios de nuestras clases.

También es importante señalar que contamos con el apoyo de varios colectivos y Organizaciones No Gubernamentales (ONG), del personal docente y de la dirección del colegio. Entonces comenzamos a dar los primeros pasos para ocupar y transformar el barrio. Hoy somos referente y damos conferencias en varios estados sobre el proyecto.

Quizás estés pensando, pero ¿qué pasa con los peligros en las calles de la ciudad de São Paulo?, ¿No sería arriesgado salir con estudiantes? Sabía que había algunos riesgos, ya que la región donde está ubicada la escuela tenía, en ese momento, índices de violencia muy altos, además de una estructura social de familias disfuncionales y vulnerables. Aún hoy, muchos estudiantes de nuestra escuela viven en refugios, casas de vecindad, pensiones o incluso, en casos extremos, bajo puentes. Pero con cuidado, planificación, atención y apoyo de la comunidad escolar y de la comunidad externa, especialmente de las familias de los estudiantes, fue posible superar estas barreras y mostrar al alumnado que esas calles, esos paisajes que veían cada día, no eran sólo un horizonte ajeno, sino su hábitat, su nicho, parte de su historia y experiencia presente, así como la historia de tantos otros que por allí pasaron y vivieron.

¿Qué pasa con el contenido? Pues bien, los contenidos que se tratan en las Aulas Públicas se trabajan primero en el aula. Esta discusión previa facilita la comprensión de la geografía del barrio y su formación histórica. También es importante sensibilizar a los padres y tutores de los estudiantes, quienes hoy reconocen la importancia de realizar clases en Glicério. De hecho, una de las madres que participó de las Aulas Públicas afirmó que el proyecto ayudó a su hijo a desarrollar mejor la expresión oral, ya que participó activamente en la explicación de las clases.

Y ya que estamos mencionando algunos resultados, el proyecto hizo que los estudiantes identificaran la importancia de preservar el espacio público y reconocer, a través de él, su papel en la sociedad. Con visitas a espacios públicos de la región donde viven, fue posible contribuir a su desarrollo intelectual y cívico y fomentar la comprensión de las cuestiones políticas de la sociedad brasileña y de su región.

El proyecto se ha renovado cada día y ha seguido la trayectoria de algunos años de historia, con la seguridad de que traspasar los muros de la escuela y ocupar territorio urbano es un camino seguro para transformar la sociedad. También creamos una interconexión en la comunidad entre la escuela y el estudiante, que antes era visto como un sujeto sin derechos ni deberes. Hoy los vemos activo en diversos campos de formación que lo representan.

Puedo decir que se logró el objetivo central del proyecto. El Aula Pública creó vínculos con la comunidad y conectó la escuela con el barrio, impactando directamente en la reducción de la violencia urbana. Se ha trabajado el respeto a las diferencias y la importancia de ocupar el espacio, además del tema del patrimonio material e inmaterial y, a través de la expresión de estudiantes y responsables, se puede tener una nueva visión sobre el tema.

También se trabajó la historia de las Villas, así como de toda Várzea do Carmo, la región donde está ubicada la escuela, así como sus ocupaciones y transformaciones urbanas, incluyendo la instalación del cementerio público al lado de la Capela dos Aflitos y toda su historia y sus símbolos. Finalmente, a través del proyecto logramos que la comunidad participara, hablara y opinara sobre sus problemas y logros. Resaltamos la importancia de la ciudadanía y la historia de la ciudad de São Paulo y sus barrios, salimos a las calles y ocupamos el espacio que, según un habitante: "hasta hace unos días estaba ocupado por personas que consumían drogas y está ahora ocupada por niños y niñas que aprenden junto al profesor Paulo Magalhães".

Cabe destacar algunos puntos, como la integración entre escuela y territorio. Durante tantos años la escuela estuvo cerrada al territorio; no hubo propuestas de integración y participación. Al proponer, a través de Aulas Públicas, la ocupación y reconocimiento del espacio público como generador de cultura y ciudadanía, contaminamos a toda la región con el potencial multiplicador y se llegó a la comunidad. De hecho, consideramos fundamental que las Aulas Públicas se realicen con la participación de los vecinos.

La ocupación de territorios educativos ha contribuido al proceso de inclusión en el mundo, al sacarlos de la "burbuja" en la que muchas veces se insiste en convertir al aula. Uno de los objetivos inherentes sigue siendo también minimizar los prejuicios hacia los inmigrantes. Nuestro enfoque pasa por reducir la brecha entre estudiantes e inmigrantes que se han asentado en el barrio.

Finalmente, la relación con la cultura y los compañeros docentes es uno de los pilares del proyecto. Hoy los docentes participan en las Aulas Públicas, sugiriendo temas y construyendo los modelos urbanos que desarrollamos en el aula con los estudiantes. La escuela abraza el proyecto, es parte del PPP (Proyecto Político Pedagógico) y los docentes luchamos para que siga renaciendo con cada clase que impartimos en las calles de la ciudad.

En definitiva, puedo decir con certeza que, durante este largo recorrido de mi carrera profesional en el sector público, logré alinear escuela con la ciudad y viceversa, ya que logré permitir que niños, niñas y adolescentes se sientan parte del territorio y conozcan su diversidad. Desafortunadamente, los estudiantes de nuestra escuela a menudo no encuentran espacio para estudiar o incluso guardar sus útiles escolares en sus propios hogares y, en la mayoría de los casos, hay menos camas que residentes. Hacer del espacio comunitario un ambiente de estudio no satisface las necesidades básicas de este alumnado, pero ofrece una nueva perspectiva sobre su condición y espacio de vida. Esta experiencia es relevante para que podamos reconstruir la ciudadanía y brindar apoyo a la niñez y a la población local, ya que el espacio ocupado transforma, educa y da visibilidad a la construcción de una nueva etapa en la historia de esta región ubicada en el centro de la ciudad de São Paulo.

Hoy me siento orgulloso y me doy cuenta de que salimos de nuestra zona de confort y logramos concienciar a todos con estas acciones. El legado sigue siendo creer en que es posible ocupar y estudiar cada vez más una región insalubre, con acciones innovadoras, que conciencien a todos. Abrir la escuela para acogerlos con acciones encaminadas a recuperar la ciudadanía, con proyectos como este, que generen resultados efectivos y transformadores. Fortalecemos la relación, entre diferentes culturas, porque abogamos por ir más allá de los muros de la escuela, garantizamos estas acciones, junto con la iniciativa de hacer comprender a nuestros estudiantes la importancia de vivir bien y tener garantizados sus derechos.

El objetivo, en este caso, es construir una sociedad más justa y respetuosa con sus ciudadanos. A los estudiantes que he estado siguiendo se les anima a visitar museos, salas de exposiciones, conocer y reconocer su barrio, además de ayudar a sus familias a organizar sus espacios en casa. Mi asistencia durante este proceso de aprendizaje es ayudarles a verse a sí mismos como ciudadanos del mundo a través de su participación en la comunidad, expresando sus puntos de vista, dando sus opiniones, sugiriendo y reflexionando sobre sus pérdidas y logros.

Uno de los objetivos del proyecto, ante esta situación *sui generis*, es abordar también el tema de la vivienda, puesto que en sus espacios ocultos se encuentran los problemas de la población local: las diferencias étnico-raciales, el tema de la inmigración y los canales de socialización y participación, en los cuales se evidencian puntos críticos que requieren soluciones inmediatas. Todo este trabajo se basa en la cuestión de la vivienda, el paisaje local, la relación de las personas con su población, en este caso los inmigrantes y sus impactos culturales, el poder público y los canales de participación social, los procesos migratorios en Brasil, las dinámicas poblacionales, y las desigualdades raciales/étnico-culturales y sociales.

En estas actividades utilizamos textos formativos, mapas, fotografías, dibujos, carteles y maquetas en cajas de zapatos. Dichos modelos se configuraron tanto en forma de aula como de casas de cuatro habitaciones, ya que muchos de los estudiantes no tenían idea de la existencia de estos espacios, ya que viven en lugares sin condiciones de ningún tipo, careciendo de la estructura de los cimientos de la vivienda o incluso de las condiciones necesarias para vivir.

En 2018, tras aprobar nuevamente en mi segundo concurso para el cargo de docente de Geografía, comencé en una nueva escuela, pero como docente de apoyo (acompañando a los docentes en sus clases). En ese momento me encontré con algunos obstáculos, pues la escuela ya tenía algunos proyectos consolidados que chocaban con mi forma de trabajar. Pero, al año siguiente logré instalarme en el colegio donde finalmente nació el proyecto "Aula Pública". Y en esta última fase, entre 2020 y 2023, nos sorprendió el brote pandémico de Covid-19.

Los desafíos fueron inmensos. Como no podía llevar a mis alumnos a la calle, llevé las calles a las pantallas de sus ordenadores. Al principio, a través de historietas y, posteriormente, a través de vídeos grabados con la ayuda del profesor de historia de nuestra escuela, Wilson Amaral. Los vídeos fueron publicados en las plataformas de aprendizaje disponibles para los estudiantes. Los estudiantes veían los vídeos y respondían algunas preguntas, que diseñé con otros docentes, para que no se perdieran el contenido propuesto en el Caderno Trilhas de Aprendizagem de la Secretaría Municipal de São Paulo.

En aquel momento, el proyecto sólo continuaba de forma virtual. Los contenidos trabajados se interconectaron con los fundamentos y objetivos teorizados por Paulo Freire, como el diálogo, el círculo cultural, la lectura del mundo, la tematización y su problematización además de los preceptos que se encuentran en el Currículo de la Ciudad y la Base Curricular Común Nacional, a través del cual desarrollamos la formación de nuestros estudiantes.

Aunque me vi obligado a adaptar el proyecto a nuestra nueva realidad, ya que estaba acostumbrado a caminar con mis alumnos por las calles del Bairro do Glicério, volví a aprender a navegar por la región, en este caso sin salir de casa. La idea surgió de uno de mis alumnos y decidí descargar una aplicación y simular, a través de cómics, Aulas Públicas. Mis alumnos realmente extrañaron las caminatas que teníamos. Y para aliviar las dificultades de la época, creé cómics digitales con ellos para continuar su aprendizaje. Además de esta aplicación, aprendí a grabar vídeos y lograr que se conviertan en protagonistas del aprendizaje. En poco tiempo tuvimos que adquirir recursos, crear actividades y seleccionar las mejores herramientas para nuestras clases con el fin de incluir a todo el alumnado y brindarle un crecimiento intelectual igual que se producía en el contexto presencial. Utilizamos varias aplicaciones gratuitas o, en algunos casos, lanzadas por algunas empresas, para poder continuar con el contenido propuesto. Buscamos e interactuamos con innumerables aplicaciones que han ido, poco a poco, revolucionando nuestras clases.

Todo este proceso nos otorgó cuatro premios de clases a distancia, uno internacional y tres nacionales, todos de gran relevancia en el área de la educación. El año 2020 supuso una guía para que nuestros estudiantes siguieran siendo el hilo conductor del proceso de enseñanza y aprendizaje y una base sólida para los docentes que tuvieron dificultades a la hora de descubrir nuevas herramientas. Para ayudar a los docentes, comenzamos a valorar más la experiencia de los demás, aceptando y respetando el trabajo de todos y todas.

Tras el estallido de la pandemia, volví a desarrollar acciones como un *stand* llamado "Lectura Solidaria" para donar libros. Creé una red de lectura física y en línea que recibe donaciones de libros y ofertas para que los miembros de la escuela y la comunidad puedan continuar con el hábito de la lectura. Fueron casi cinco mil libros dirigidos a estudiantes y a toda la comunidad, y provenían como donación principalmente de Casa 1, que es un Centro de Cultura y Bienestar LGBTQIAP+.

Seguimos realizando Aulas Públicas en la ciudad involucrando a los estudiantes y a la comunidad, realizando charlas en otros municipios con el objetivo de presentar el proyecto a otros sistemas educativos del país. También di conferencias en eventos sobre educación, realicé proyectos con Universidades públicas y privadas, apoyé proyectos que ayudaban con la dinámica del aula, como en el Laboratorio de TI de la ciudad de São Paulo, y apoyé la participación en proyectos de acogida de estudiantes inmigrantes, visitando la Casa do Imigrante con los estudiantes para comprender mejor la cuestión de la inmigración.

También participé en movimientos reivindicativos como espacios de juego, movimientos en busca de calidad de vivienda, contra la basura en la vía pública y el fomento del reciclaje. También difundimos el proyecto "Aula Pública" a través de redes sociales y blogs, además de grabar un documental para la televisión y dos largometrajes sobre el proyecto, y artículos para la televisión brasileña, como Globo, Record, Cultura, Canção Nova, CNN Brasil y Globo News. Junto con estudiantes de una Universidad Privada, creamos el Proyecto "Ajuda Glicério", donde recolectamos cestas de alimentos básicos para la "Iglesia de Nossa Senhora da Paz" y la "Missão Paz São Paulo", que se entregaron a la comunidad escolar durante la pandemia. También realizamos una campaña y recibimos cestas de libros y útiles escolares para entregar a nuestro alumnado. Los desafíos fueron muchos, pero logramos superarlos todos desde el momento en que puse un pie en un aula por primera vez.

## Lo que aprendí: experiencias exitosas y errores que cometí

Aprendí muchas lecciones a lo largo de mi trayectoria profesional. Naturalmente, como en cualquier profesión, cometí algunos errores y acerté en muchas ocasiones también. Así que continuo estas líneas con lo que creo que fueron los éxitos.

Durante muchos años he tomado una posición y luchado por la mejora de las escuelas públicas, este es sin duda mi mayor logro. Desde el primer día que entré al aula me di cuenta de que podía contribuir a mejorar la sociedad y hacer creer a sus componentes que el camino hacia el cambio está ligado a la educación. Me gustaría seguir invirtiendo cada vez más en el proyecto "Aula Pública" y compartirlo con la sociedad demostrando que podemos cambiar el espacio que ocupamos.

Creo que otro gran logro fue invertir en el proyecto de lectura solidaria, que es una forma de incentivar la lectura y agradecer a los lectores especiales que siguen el proyecto "Aula Pública". Con este proyecto pretendíamos sensibilizar a la sociedad sobre la importancia de la educación y orientar a la gente a comprender que es necesario, a través de la lectura y la socialización del conocimiento, deconstruir en Brasil la lamentable capacidad histórica de negar el derecho al conocimiento.

Respecto al aprendizaje, en primer lugar, aprendimos que el cambio, especialmente en educación, pasa por salir de nuestra zona de confort y luchar por intentar concienciar con nuestras acciones. También aprendimos que los obstáculos no son impedimentos. Habíamos sufrido diferentes tipos de resistencia, pero con determinación, audacia y aliento, no sólo mío, sino del equipo y de los estudiantes, logramos cambiar una región de la ciudad que está en el corazón de la metrópolis, donde peores índices de desarrollo humano hay, en relación con la vivienda, la violencia y las condiciones insalubres, entre otros problemas sociales.

Incluso grabamos un documental para TV Cine Brasil sobre la precariedad de la vivienda en Glicério, donde viven muchos de nuestros estudiantes. Continúo orientando a los estudiantes y a la comunidad sobre formas apropiadas para lograr mejoras en el lugar donde viven, y posibilidades para equipar y mejorar estos espacios. De hecho, durante todo el proceso de implementación del proyecto "Aula Pública", mejoramos el servicio a nuestros estudiantes y realmente creí que la transformación de una vida pasa por la educación.

Este proyecto minimizó en gran medida los índices de violencia, especialmente desde el momento en que comencé a llevar estudiantes a ocupar los pueblos, calles, callejones, plazas y toda la ciudad, y comprender el mundo que los rodeaba. Estas clases fueron verdaderamente públicas y mi intención era que se extendieran por todo el país. De hecho, también podría citar como experiencia exitosa la elaboración de la guía denominada "Los siete pasos para organizar un Aula Pública en la Ciudad", que indica formas de aplicar la propuesta en otras ciudades.

También ayudé a fortalecer la relación que se establecía entre personas de diferentes culturas en Glicério, porque al ir más allá de los muros de la escuela, buscamos garantizar Aulas Públicas que fortalezcan el derecho de todos a la cultura y a la libertad. Existe una necesidad urgente de ver una sociedad más justa en la que todos puedan ser respetados. Queremos seguir transformando la región de Glicério en un barrio educativo, donde la violencia urbana dé paso al aprendizaje en las calles, en las esquinas, en los bares y en todos los espacios públicos.

Otro aspecto que celebrar es el hecho de que, al permitir que los niños y niñas aprendieran sobre los espacios públicos de la ciudad y su acceso, se interesaron por apropiarse de estos lugares. Es decir, se animaba a los niños y niñas a visitar museos, salas de exposiciones, a conocer y reconocer su barrio y a quienes lo componen. En este sentido, entiendo que todavía sigo ayudando a los estudiantes a convertirse en ciudadanos globales y participar en la comunidad, hablando y opinando sobre sus problemas y logros, resaltando la ciudadanía y la historia de la ciudad de São Paulo y sus barrios, que son fundamentales en este proceso.

Creo que las clases fuera del colegio son más animadas y veo a los niños y niñas hablando más, expresándose mejor y socializando con la comunidad. Nuestros niños y niñas hoy se mueven con más tranquilidad por el barrio y, según cuentan sus familias, muchos de ellos imparten clases en los barrios a nuevos vecinos o familiares llegados de diferentes regiones. Los jóvenes de Glicério hoy pueden sonreír y ocupar el barrio, aunque carezcan de un espacio propio para jugar, conocen la historia de Vilas Centenárias y saben respetar lo que se cuenta, se sienten parte del barrio y el número de menores involucrados en la trata disminuyó significativamente.

Respecto a los posibles errores, creo que alterar la tradicional estructura cristalizada de la sociedad requiere de mucho cuidado. Desafiar la delincuencia que existe en el lugar donde trabajo, y que persiste desde hace muchos años, no es sencillo y no debe hacerse de forma independiente y aislada. Desde que llegué al colegio, hace exactamente trece años, he sufrido todo tipo de agresiones por parte de los estudiantes y de la comunidad. En este aspecto, quizás el planteamiento podría haber sido diferente en un principio. De todos modos, llegué a una conclusión: o cambiaba todo lo que tenía delante o dejaba de luchar. Fue en este obstáculo por el que empecé a crear el proyecto. La guía con siete pasos para aplicarla indica un camino seguro, ya recorrido y con los aprendizajes obtenidos a través de los errores, los aciertos y todas las experiencias.

Entonces creo que incluso este aspecto contribuyó a un cambio en el ambiente y en la vida de los involucrados, rescatando para ellos el significado de la educación y, de alguna manera, un nuevo concepto de que la escuela es donde está el conocimiento y el conocimiento se construye y reconstruye con nuestros estudiantes como foco.

Los resultados alcanzados confirman que estamos en el camino correcto, ya que logramos sensibilizar a estudiantes, docentes, dirección educativa, comunidad e incluso a la Secretaría Municipal de Educación de São Paulo de que la transformación pasa por el derecho a la ciudadanía. Por lo tanto, animamos a todos los estudiantes de la escuela a convertirse en defensores de la cultura y el patrimonio local, además de la preocupación medioambiental que es uno de los Objetivos de Desarrollo Sostenible (ODS).

Ocupar el espacio a través de un Aula Pública revitaliza las acciones de la escuela y fortalece el proceso de aprendizaje y la autonomía de los estudiantes, como hemos visto en varios frentes, pues da sentido al conocimiento y sentido a los saberes aprendidos. Al sentirse incómodos y fuera de su zona de confort, los estudiantes comenzaron a reflexionar sobre situaciones que antes les resultaban imperceptibles, pasando a la fase proactiva de sugerir ideas y soluciones, como preocupación por mejorar el espacio interno de la escuela y su entorno. Esto no sucedió por casualidad, es el resultado de un esfuerzo colectivo engendrado precisamente durante el proceso de ocupación del espacio con el Aula Pública. También revitalizamos los callejones, calles y plazas del barrio degradado, tomado por la violencia del narcotráfico, a través de acciones que, aunque simples, fueron efectivas.

Nuestro proyecto se centra en la autonomía de los estudiantes y ha sido reconocido por muchos como un medio para crear una historia liberadora, como lo expone Paulo Freire. Enfrenté mucha resistencia, pero logramos que el proyecto fuera reconocido en varias partes del mundo. Mi mayor logro con este proyecto fue darme cuenta de que me había convertido en un referente para estudiantes, comunidades y docentes de todo Brasil.

Si puedo agregar un punto positivo más, diría que el proyecto "Aula Pública" también nos permitió incluir a estudiantes con Necesidades Específicas de Apoyo Educativo (NEAE). Actualmente tengo dos alumnos con NEAE que participan como monitores de proyecto. Uno de ellos tiene Trastorno del Espectro del Autismo (TEA) y el otro Discapacidad Intelectual, tanto estudiantes como tutores refuerzan lo importante que fue el proyecto para el desarrollo, socialización e inclusión real de estos estudiantes en el ámbito escolar.

Finalmente, el Proyecto "Aula Pública" es una obra muy original, desafiante, pero también inspiradora, ya que atiende a su público objetivo, a los estudiantes y a muchas de sus demandas, contribuyendo a un proceso de cambios y transformaciones en el pensamiento y en las acciones de los agentes involucrados. Los obstáculos se vuelven evidentes a medida que se desarrolla el proyecto. Pero, en general, creo que supe afrontar la adversidad y demostrar que la perseverancia cambia mentalidades y fortalece la educación pública.

Podemos decir que las Aulas Públicas nos dieron la oportunidad de cruzar los muros de la escuela ya que se consolidaron con la participación masiva de estudiantes, docentes y la comunidad y se institucionalizaron como un proyecto cultural del PPP (Proyecto Político Pedagógico).

## Testimonios de estudiantes

Cuando la invitan a hablar sobre el profesor Paulo, la alumna Luara, que cursa octavo año, dice que el profesor es un gran profesional. También recuerda una declaración del maestro que le llamó la atención, cuando dijo que quería innovar durante las clases porque los estudiantes pasaban mucho tiempo en el aula, sentados, simplemente escuchando pasivamente. El gesto y la importancia dada a los alumnos hicieron que Luara admirara aún más al profesor.

La estudiante señala que vio una oportunidad de enseñar a través de actividades escolares y que a través de estas clases aprendió información importante sobre el barrio donde vive que antes no conocía. También vio que muchas personas en la comunidad tampoco conocían estas historias, porque nadie hablaba de ellas tan apropiadamente.

También recuerda que contó la historia del colegio y propuso trabajar en grupo para crear modelos que ayudaran a comprender medidas, escalas y dimensiones. Luara agregó "doy gracias a Dios por poner al profesor Paulo en nuestras vidas, sus clases son innovadoras y no aburridas y eso es lo mejor". Finalmente, el estudiante citó las principales cualidades del profesor Paulo como ser creativo, tranquilo, inteligente y educado.

Otro estudiante, João Vitor, que también cursa actualmente la secundaria, relata que la experiencia de participar en las "Aulas Públicas" y ser monitor del proyecto le enseñó a conocer mejor nuestro país, mejoró sus conocimientos e hizo que la experiencia escolar fuera muy agradable y creativa.

Denis, que fue monitor del proyecto cuando empezó en 2016 y ya ha terminado la ESO, dice que el profesor es bueno tanto dentro como fuera del aula, porque enseña muchas cosas, no solo los contenidos de geografía, sino también lecciones para la vida. Añade además que el profesor cambió su forma de ver las clases, antes con esa conexión de pizarra y cuaderno y las cuatro paredes del colegio: "ahora nos da la oportunidad de hablar, de expresar lo que estamos sintiendo".

El estudiante Ítalo coincide con Denis y dice que las Aulas Públicas le permitieron respetar y comprender más a la comunidad, la gente y las calles del barrio.

El estudiante Yuri, actualmente en noveno grado y monitor de proyectos, dice que gracias al maestro y sus Aulas Públicas se ha vuelto más conversador y amigable con todos, desarrollando su capacidad para comprender mejor el mundo en el que vive.

La estudiante Kaunay relata que aprendió mucho sobre temas de vivienda y que los textos que siempre enseñaba en clase los interiorizaba mejor durante las Aulas Públicas en las calles del barrio. Gabrielle, que ahora está en la escuela secundaria, dice que las Aulas Públicas la ayudaron a ver las cosas como realmente son, pudiendo tocar, mirar y hacer preguntas sobre los problemas que enfrenta el vecindario.

Clemilda, madre del estudiante Gabriel, también compartió una historia sobre el maestro, afirmando que siempre sorprende positivamente a los estudiantes y a la comunidad, lo que fue un gran incentivo para el aprendizaje de sus hijos, especialmente para Gabriel, quien tiene TEA. La madre afirma que aprendió a amar la escuela, y que incluso durante la pandemia el maestro siempre estuvo conectado con el alumno, y concluye "esto marcó la diferencia para que aprendiera cada vez más, tanto con sus clases presenciales como como en sus Aulas Públicas en las calles y callejones de los barrios de la región de la escuela Duque de Caxias".

# Capítulo 7. Aprendiendo de una profesora de sociología de secundaria
## Carmen Paola Torres Álvarez

*Carta a un aprendiz*

*Remitente: Aprendiz nivel 20*

*Destinatario: Aprendiz nivel 1*

Estimado aprendiz nivel 1,

Quizás tengas más dudas que certezas y más miedo que coraje. Quién sabe, ¿quizás más cansancio que disposición? ¡Oh sí! Después de todo, la rutina laboral es agotadora para una joven madre con dos hijos pequeños que ve el aula como su salvavidas. Y, en medio del enorme desafío de tantas otras vidas que cuidar y educar, el torbellino de sentimientos que te hacen reflexionar sobre si podrás hacer bien tu trabajo. Espera, ¿dije reflexionar? No... no hay tiempo para pensar. Necesitas este trabajo y quieres, de todo corazón, marcar una diferencia en la vida de estos jóvenes. Y en tu interior, una esperanza latente insiste en decir: ¡valdrá la pena!

Desde aquí, desde el nivel 20, vengo a decirte que ¡esa insistente voz realmente tenía razón!

Sin querer quitarte el brillo de la sorpresa por todo lo que vendrá, solo quiero decirte que metas tu miedo dentro de esa enorme mochila, donde guardas los libros, cuadernos, libretas, pinceles y todas las fotocopias de los textos que compartes con tus alumnos. Pero pon el miedo abajo del todo, ¿vale? Créeme, el miedo siempre estará presente, pero rara vez lo aprovecharás. Te acompañará (dondequiera que vayas), pero estará enterrado por los libros, las cartas y los dibujos que recibirás a lo largo de tu vida.

Créeme, el tiempo es realmente mágico.

Comienzo esta historia con una cita que leerás en un hermoso parque en Lima, Perú. Es una cita del filósofo danés Soren Kierkegaard: *"Sólo la vida puede entenderse mirando hacia atrás. Pero eso sólo se puede vivir yendo hacia adelante"*. Al concluir que la vida sólo tiene sentido en retrospectiva, el filósofo acierta en su reflexión sobre la existencia humana. Al fin y al cabo, en el camino, a veces no entendemos las piedras del camino, o incluso corremos el riesgo de no apreciar el paisaje, de tanto nos preocupa no tropezarnos. Y esta es la razón de mi escritura.

Estás en el principio y los obstáculos suelen parecer mayores de lo que realmente son. Tu miedo está justificado. Estás comenzando como docente a principios de la década de los 2000... la mejor tecnología disponible es el proyector. Sólo las escuelas más elitistas tienen aula de informática, pero no aquellas en las que trabajas. Por lo tanto, sé creativa y paciente, ya que alrededor de 2010 podrás llevar a tus alumnos a una clase diferente en uno de las populares aulas de ordenadores. Notarás la "ventana" que se abrirá para explorar el mundo, con la popularización del acceso a Internet en las escuelas.

Creatividad y paciencia. Quizás estas sean sus dos principales virtudes que veo desde aquí. Y, me atrevo a decir que, a pesar de la falta de formación pedagógica inicial, fue tu constancia para seguir estudiando y aprendiendo lo que te convirtió en un docente reconocido por tu práctica pedagógica. Hubo muchos cursos de formación continua en diferentes instituciones que te permitieron conocer los diferentes caminos de la docencia. Sí, varios. La vida cotidiana te mostrará cuántas "versiones" de enseñanza existen y, en cada interacción con los estudiantes, comprenderás lo bueno que es no quedarse estancado en líneas de pensamiento, que muchas veces se tornan rígidas las prácticas. Enseñar es creatividad. Cada clase es única, como cada alumno es único. Están los que preguntan; los tímidos; aquellos a quienes no parece importarles. Habrá quienes te colmarán de preguntas y elogios, pero también habrá quienes necesitarás "tomar de la mano" y convencerlos de que caminen. Pero nadie se quedará atrás, ¡no si puedes ayudar! Y con todos, absolutamente, aprenderás cada vez más.

Darse cuenta de esto es un desafío, pero extremadamente placentero.

Desde el comienzo de este viaje, han sucedido muchas cosas. Al fin y al cabo, llevas 20 años trabajando en más de 150 clases de diferentes carreras y niveles educativos. Impartes diversas materias, relacionadas con tu área afín, Sociología. Sin embargo, fue a partir de 2015, con el inicio de tu labor como Docente en Educación Básica, Técnica y Tecnológica en el Instituto Federal de Educación, Ciencia y Tecnología de Acre – IFAC, que tu realidad docente adquirió proporciones gigantescas.

Esto se debe a que la identidad pedagógica de los institutos federales valora la formación de ciudadanía y, en este contexto favorable, será posible explorar plenamente todas las dimensiones de la Sociología, aplicando las mejores estrategias para la formación del pensamiento crítico de los jóvenes estudiantes. Siempre soñaste con poder trabajar bien al estilo Paulo Freire, ¿recuerdas? Pues IFAC hizo posible este sueño. Aprender a través de la reflexión crítica a la luz de las experiencias de los estudiantes. Pensar la sociedad, no sólo entendiendo teorías, sino cuestionando las estructuras que la sostienen, proponiendo soluciones para su transformación ¡Ese es el camino!

Por increíble que parezca, los mayores desafíos no ocurren en las aulas, sino en el escenario de las políticas públicas nacionales. En 2017, la llamada "Reforma de la Educación Secundaria" propondrá la jerarquización de las asignaturas, promoviendo una devaluación real de las áreas de formación ciudadana, en detrimento de lo que se vendió a la opinión pública como "preparación para el trabajo". En la práctica, se trata simplemente de una tergiversación de la formación basada en habilidades. Este contexto supondrá un verdadero retroceso en relación con el papel de las disciplinas humanas en la formación ciudadana crítica de los estudiantes, que pasarán a tener un enfoque generalista en el currículum, bajo la justificación de la "posibilidad de elección".

Desde esta perspectiva de reforma, los Institutos Federales adoptarán una posición contraria. En realidad, cambiar sus planes de estudio no tendría sentido, ya que los Cursos Técnicos Integrados en el Bachillerato ya cuentan con una coherencia entre formación propedéutica y formación profesional. Por lo tanto, no es necesario cambiar la identidad de las carreras a favor de una reforma que vaya en contra de la identidad pedagógica que sustenta la razón de ser de los institutos federales.

Finalmente, manteniendo el currículo de los institutos federales, construido sobre los pilares de una educación ciudadana crítica, la disciplina de Sociología podrá desarrollarse de la mejor manera, con varias experiencias positivas de reflexión y aprendizaje por parte de los estudiantes. Y es precisamente en este ambiente cuando iniciarás el trabajo de la Educación para los Derechos Humanos, cumpliendo no sólo con las exigencias de los parámetros curriculares nacionales, sino teniendo el tema como punto de partida para promover el debate sobre la sociedad contemporánea, permitiendo la reflexión crítica sobre los estándares establecidos en las culturas, así como cuestionarlas y cambiarlas.

Debatir sobre Derechos Humanos en un Brasil que ha vivido —y lamento informarte de que aún vive— el extremismo provocado por la polarización política, con el resurgimiento de teorías negacionistas y posturas reaccionarias, será un hito en tu vida profesional. Allí, en ese pequeño y privilegiado espacio que es el aula, serás testigo de lo que mejor es capaz de hacer la Educación: transformar pensamientos y comportamientos, ¡transformar vidas! Después de todo, como dijo el maestro Paulo Freire: "La educación no cambia el mundo. Cambia a la gente. Y la gente cambia el mundo".

Debatir sobre Derechos Humanos con estudiantes de secundaria, especialmente del 2018 al 2022, será un punto de inflexión en tu carrera. Sin mencionar que en medio de todo esto, viviremos una crisis sanitaria de proporciones globales, la pandemia de Covid-19. La educación sobre Derechos Humanos será el punto clave para aprender ciudadanía, en el sentido amplio y verdadero del término. Bueno, no se tratará sólo de darles a conocer la Declaración Universal de Derechos Humanos o debatir superficialmente sus artículos. Las reflexiones que se lleven a cabo en el aula serán tan ricas que permitirán una 'reconexión' humana con uno mismo y con los demás.

En definitiva, debemos reconocer esta igualdad que nos une, ¡somos humanos! Todos nosotros. Independientemente del color, ideología política, grupo de edad, cultura. Algo que parece tan obvio, pero, de nuevo, parafraseando a Paulo Freire, quizás lo obvio no sea tan obvio como parece.

En última instancia, en medio de una sociedad en red, con individuos abrumados por las infames redes sociales, la generación *Millennial* estará dispuesta a reconocerse como humana, y reconocer al otro, tan distanciado por la competitividad impuesta y las innumerables barreras que históricamente nos han separado. Las reflexiones promovidas en clase permitirán contener y evitar situaciones de acoso, provocadas por pensamientos con prejuicios (que impregnan nuestro imaginario de forma casi inconsciente), además de la percepción de la necesidad de superar la indiferencia y luchar por una vida en sociedad más justa, inclusiva y solidaria.

¡Cariño! ¡No te imaginas lo gratificantes que serán estas experiencias! Y recibir el reconocimiento de tus alumnos será solo la guinda del pastel, si lo comparas con la inmensa alegría de verlos revisar sus propios comportamientos, dialogar entre ellos, defender con entereza sus propuestas. ¡Esto es formación para la ciudadanía! Así se construye una nueva sociedad: acción-reflexión-acción. Y, al igual que la fábula del colibrí, que busca apagar el incendio forestal a toda costa, estás dispuesto a construir una sociedad mejor, a través de la única arma que tienes en tus manos: el conocimiento.

Tendría mucho más que contar, pero no te haré más *spoilers,* ya que la sorpresa es parte esencial de nuestra existencia. Simplemente sigue adelante haciendo lo mejor que puedas, porque un día, el futuro hará las paces con el pasado. Y, solo para que conste: tus primeros alumnos incluso te llegarán a invitar a los cumpleaños de sus hijos; y algunos de tus estudiantes incluso se convertirán en tus compañeros de trabajo. Sí, ha pasado el tiempo… y repito: ¡realmente es mágico! Y, más adelante, tal vez estés, como yo ahora, escribiendo otros dulces recuerdos con la melodía del poeta Gonzaguinha:

> "Vivir y no avergonzarse de ser feliz… cantar y cantar y cantar la belleza de ser un eterno aprendiz. Sé que la vida debería ser mucho mejor (y lo será), pero eso no me impide repetir: ¡es hermosa, es hermosa y es hermosa!

Y es así, con un profundo sentimiento de gratitud, que me despido de la aprendiz que fui, manteniendo viva la esperanza de la aprendiz que sé que siempre seré.

## *Lo que aprendí: experiencias exitosas y errores que cometí*

La docencia en el área de las ciencias humanas es una tarea desafiante, especialmente en un contexto de devaluación del conocimiento "no utilitario". Como docente durante exactamente 20 años, de los cuales alrededor de 10 años fueron dedicados a la Sociología en las clases de secundaria, tuve la oportunidad de experimentar, en el aula, muchos de los impactos resultantes de las diversas reformas educativas en Brasil. Y, si bien este bloque es el relato de experiencias pedagógicas, es imposible no vincular los contextos interno/externo, ya que, en gran medida, el aula (considerando no sólo la estructura, sino todas las interrelaciones entre docentes, estudiantes, familias y gestión escolar) es un reflejo de las políticas públicas actuales. Desconocer este contexto sería decir que el éxito o el fracaso de una práctica pedagógica recae exclusivamente en el docente, lo cual es un enorme error.

Así, una contextualización necesaria: desde mediados de la década de 2000, numerosos debates en el campo educativo discuten la funcionalidad de la escuela secundaria en Brasil. Básicamente, dos aspectos antagónicos guiaron las reflexiones en torno al currículo, su articulación con el mundo del trabajo en relación con el Examen Nacional de Educación Secundaria (ENEM), y la inserción de las tecnologías de la información y las comunicaciones, entre otros temas relacionados.

El hecho es que, desde la promulgación de la Ley de Directrices y Bases de la Educación Nacional – LDB (Ley 9394/96) estos aspectos existen. Por un lado, la línea ideológica que defiende la reformulación del currículo escolar apuntando a las exigencias actuales del mercado laboral, con la priorización de ciertos conocimientos y desarrollo de habilidades que, en teoría, serían más útiles en el futuro ejercicio profesional. Por otro lado, la línea ideológica que orienta el currículo de la Escuela Secundaria en la formación integral del estudiante, considerando el Trabajo, la Ciencia, la Tecnología y la Cultura como categorías humanas igualmente importantes para el desarrollo del individuo. A lo largo de 15 años, el plan de estudios de la Escuela Secundaria ha sido revisado, desde los más variados proyectos de ley (desde la exclusión de la Educación Religiosa hasta la obligatoriedad de

Filosofía y Sociología) hasta cambios más profundos, como los introducidos por la Ley 13.415/17, que reformó la educación secundaria en Brasil, alineándola con el modelo neoliberal de desarrollo económico.

Finalmente, en medio de la promulgación de la nueva ley, la Red Federal de Educación Profesional, Científica y Tecnológica decidió mantener el concepto de Educación expresado en la Ley 11.892/08, que creó los Institutos Federales de Educación, Ciencia y Tecnología: *"para formar ciudadanos aptos para el mundo del trabajo".* Mantener la identidad pedagógica que considera la formación integral del individuo como ciudadano capaz de trabajar, marcó la diferencia en mi ejercicio profesional como docente de Sociología, pues esta concepción valora la disciplina en el proceso de formación del estudiante, entendiendo que la formación profesional es intrínseca a la comprensión del trabajo como categoría humana y, por tanto, sujeto a construcciones e interpretaciones sociales de la realidad vivida a partir de la evolución de la cultura, la ciencia y la tecnología.

Por lo tanto, bajo el paraguas del currículo integrado –aplicado en los Institutos Federales– no existe una jerarquía de conocimientos, como ocurre en la lógica del marketing que clasifica lo que es útil o menos útil. Más bien, la integración curricular significa el esfuerzo realizado para superar la dicotomía histórica entre formación básica y formación profesional. Por eso destaco la importancia de vincular este posicionamiento institucional a mi experiencia y práctica pedagógica, porque, sin esta concepción clara del papel real de la Educación Básica, la disciplina que enseño ciertamente no encontraría caminos para desarrollarse de manera prometedora.

Así, a partir del contexto que presentaron las reformas, la Sociología aplicada en el currículo de las carreras técnicas integradas en la Escuela Secundaria IFAC fue objeto de análisis y discusión por parte de los docentes del área, con el propósito central de definir la propuesta disciplinaria que considerara la formación como el proceso que sucede en los tres años de secundaria. Como deliberación, la Sociología se subdividió en tres partes desarrolladas a través de temas centrales, a saber: Sociología I (énfasis en la relación entre el individuo y la Sociedad); Sociología II (énfasis en la construcción político-ciudadana); Sociología III (énfasis en la sociedad contemporánea, abarcando trabajo, ciencia, tecnología y cultura). El diseño curricular representa un camino de reflexión y aprendizaje, considerando el despertar y perfeccionamiento del pensamiento crítico, que abarca desde la percepción del individuo como ser social, hasta la comprensión de las interrelaciones políticas y la transformación global. La propuesta resultó beneficiosa para el colectivo, siendo parte integral de cada Proyecto Pedagógico de Cursos Técnicos Integrados a la Enseñanza Media.

Quizás uno de los mayores errores que pueden darse en el desarrollo de la disciplina de Sociología en la Escuela Secundaria sea, precisamente, la falta de comprensión de los objetivos de la disciplina en el proceso de formación del estudiante. Y, lamentablemente, esta idea errónea es más común de lo que creemos. Después de todo, cuando no existe una orientación pedagógica clara en el Proyecto Pedagógico del Curso, la disciplina queda a merced de la enseñanza de la interpretación. En este contexto, en ocasiones el docente no tiene las condiciones para interpretar adecuadamente estos objetivos. Por tanto, ante la falta de referencia institucional, es habitual que los docentes acaben utilizando como referencia su propia formación o experiencia.

Este es un camino muy arriesgado. Supongamos que un docente que trabaja en la Educación Superior termina llevando su experiencia, exitosa en el ámbito académico, a la Escuela. Por más y mejor voluntad que tenga el profesional, es necesario considerar la diferencia de nivel y el rol que esos conocimientos deben agregar al perfil del alumnado, que difieren completamente cuando se trata de adultos trabajadores y adolescentes en formación. La disciplina puede ser la misma, pero cumple funciones diferentes, o al menos debería hacerlo. Asimismo, un docente recién titulado, sin una orientación pedagógica adecuada, puede terminar reproduciendo las prácticas de su propia formación universitaria. Sea como fuere, la importancia de los referentes pedagógicos es indiscutible para el éxito de cualquier disciplina, especialmente la Sociología, blanco de tantos interrogantes a lo largo de la última década.

Obviamente, como docente viví experiencias fallidas como resultado de esta falta de comprensión. Por lo que es desde mi propia experiencia que defiendo la existencia de referentes pedagógicos claros que orienten el desarrollo de la Sociología en la Escuela Secundaria. Y cuando digo que fueron experiencias fallidas no me refiero al bajo rendimiento ni a quejas de los estudiantes, al contrario, el desempeño de las clases en las que trabajé siempre fue muy bueno y recibí numerosos elogios. El reconocimiento de que fueron experiencias fallidas fue una conclusión surgida de la madurez, de la reflexión sobre el papel real de la Sociología en la Escuela Secundaria.

Después de todo, mis alumnos conocieron las corrientes de la Sociología clásica, respondieron preguntas de exámenes sobre conceptos sociológicos, según el estándar ENEM. Cumplimos con el plan de estudios y el calendario académico, pero esto no significa ni remotamente que hayamos cumplido con el propósito de la asignatura. Es Paulo Freire quien arroja luz sobre la brecha existente: *"no basta con saber leer que 'Eva vio la uva'. Hay que entender qué posición ocupa Eva en su contexto social, quién trabaja para producir la uva y quién se lucra con ese trabajo"*.

Eso es todo. Conocer a pensadores, memorizar citas de obras o ser capaz de responder preguntas sociológicas en exámenes no significa mucho si esos conocimientos no han sido interiorizados y reflejados por el alumno como un agente de transformación personal y social.

Habiendo confesado los pecados de nuestra vida anterior —ratificando que el parámetro de la afirmación es el cumplimiento del papel de la disciplina en el proceso formativo— pasemos a las experiencias exitosas. Considerando la formación humana integral como referente pedagógico, la planificación de la disciplina pasó a articular la realidad vivida como punto de partida de reflexiones. Así, en lugar de empezar de forma 'cartesiana', siguiendo el temario tradicional que comienza con el origen de la Sociología y los pensadores clásicos, decidí priorizar la reflexión básica sobre la comprensión de la Sociología a través de la propia realidad de los estudiantes, llevando a cabo algunas discusiones con estos estudiantes.

Las discusiones comenzaron con algunas preguntas: si la Sociología es el estudio de la sociedad y la interpretación de las relaciones sociales, entonces necesitamos comprender la realidad que nos rodea. ¿Cómo perciben los estudiantes la realidad en la que viven? ¿Cómo sienten que les afecta la sociedad a través de los estándares sociales de belleza, comportamiento y éxito? ¿Cuáles son las inquietes e incertidumbres sobre el futuro mismo, considerando las transformaciones tecnológicas? ¿Cómo podemos transformar la realidad que vivimos, apuntando a la sociedad que queremos?

El resultado de las discusiones fue sorprendente. Estos jóvenes (¡tan jóvenes!) tienen una percepción muy profunda de la realidad. Lo que les falta es la base científica para organizar sus reflexiones. A partir de sus manifestaciones presenté a los pensadores, clásicos y contemporáneos, pero no en orden cronológico. La orientación hacia las teorías se basó en los fenómenos analizados de la realidad que viven cotidianamente: desigualdad social, desempleo, exposición a las redes sociales, violencia, entre otros acontecimientos en una realidad que conocen bien y sobre la que sienten la necesidad de discutir.

El aula, entonces, se convirtió en un espacio abierto a dudas, preguntas, proposiciones, sobre las que poco a poco fuimos arrojando luz con Durkheim, Marx, Weber, Bauman, Di Masi y muchos otros pensadores. Durante el proceso surgieron identificaciones y, por supuesto, resistencias; después de todo, estaban descubriendo sus posiciones ideológicas. En cada clase, se producían saltos del Positivismo a la Teoría Crítica, de la Sociología clásica a la contemporánea, dinámicas de acción-reflexión-acción, sin ese tedioso "paso a paso" de "hoy vamos a hablar de esta teoría/autor tal y luego haremos los ejercicios de repaso". Confieso que se me pone la piel de gallina al recordar esto.

Finalmente, a partir de esta revisión metodológica, cuando entendí que la Sociología debe formar pensadores y no sólo estudiar los que ya existen, el aprendizaje se produjo de la forma más natural posible. Y, al final de cada clase: ¡ay, qué pena que se acabó! ¡queremos una clase más por semana! (esto es realmente significativo cuando tienes los últimos horarios del día). Creo que uno de los cambios más grandes que vi fue el hecho de que los estudiantes continuaron conociendo a los pensadores y sus citas, pero ahora de una manera más cercana. Algunos alumnos se referían a Bauman casi como si fuera un compañero de clase: "¡Lo que dijo en esta parte muestra que es un maestro muy 'enojado'!, ¡Este chico es increíble!".

Y así, el aprendizaje evolucionó. En ocasiones dediqué tiempo a analizar cuestiones del ENEM. Ver que eran capaces de interpretar el contenido estudiado fue un indicio de que podíamos continuar, ya que también estábamos cumpliendo con el temario de la asignatura. Pero ahora, de una forma mucho más dinámica y fructífera.

En Sociología II, en particular, las experiencias fueron muy interesantes. Diferentes clases, pero se repetía un patrón: los intensos debates. Esto se debe a que el énfasis de Sociología II es la Política. Así, se utilizó la metodología para llevar al centro del debate temas de relevancia nacional, con impacto en la vida de los ciudadanos. Allí cobraron fuerza las discusiones sobre el libre acceso a las políticas de Educación y Salud, Seguridad y Urbanización, además de todas las discusiones sobre la inclusión de personas con discapacidad, ancianos y otras representaciones de minorías sociales. En estos momentos pasaron a primer plano concepciones divergentes sobre el papel del Estado, la importancia y aplicación de los Derechos Humanos, la lucha de los movimientos sociales y el significado de ciudadanía, en medio de acaloradas discusiones, de argumentos y de revisión de posiciones, antes irreflexivas. La reflexión crítica sobre la política —en el sentido más amplio de la palabra— destacó la importancia de la participación ciudadana y la lucha contra la indiferencia.

Entre las diversas experiencias en la enseñanza de la Sociología en la escuela media, la Educación para los Derechos Humanos, exigencia legal en el currículo escolar, también se presentó como un camino prometedor en la evolución de la disciplina, ya que además de todo el aprendizaje, la reflexión sobre los Derechos Humanos contribuyó significativamente a combatir las prácticas de acoso escolar en el entorno escolar. Además de estudiar la Declaración Universal de Derechos Humanos, se reflexionó sobre cada uno de sus artículos, aportando comprensión sobre su propósito y significado.

Para una generación que nació rodeada de la garantía de los derechos fundamentales, algunas cosas pueden pasar desapercibidas, llegando incluso a considerarse inviolables; por lo tanto, conocer el origen histórico del documento y, a través de él, reconocer la vulnerabilidad a la que estamos sujetos todos los seres humanos, generó conciencia sobre la importancia de preservar los derechos, especialmente considerando el constante surgimiento de gobiernos autoritarios en todo el planeta.

En las clases se analizaron situaciones contemporáneas, manifestadas en reportajes de periódicos de circulación nacional y mundial. Las clases, realizadas en el laboratorio de informática, permitieron acceder e investigar situaciones como la toma del poder de los talibanes en Irán, la guerra de Rusia contra Ucrania, las denuncias de violaciones de derechos humanos en Corea del Norte, entre otros casos de racismo, homofobia, feminicidio, ataques a escuelas y muchos otros, que demuestran cuánto necesita todavía evolucionar la sociedad. Para ello se plantean propuestas de intervención en la sociedad, con la ayuda de pensadores de la Sociología y otras áreas del conocimiento. Es ciencia en acción, dando forma a las propuestas de transformación social creadas allí, en esa sencilla aula. Sí, el futuro está ahí.

A lo largo de mi trayectoria profesional como docente de Sociología, he tenido el privilegio de conocer personas maravillosas y tenerlas como alumnos. Este es uno de los regalos que trae la enseñanza: el maestro es parte de la historia de sus alumnos. Y, para siempre, estarán en mis recuerdos (ya sea como referencia positiva o negativa). Por eso, consciente del impacto que tengo en otras vidas, reconozco lo honorable que es esta misión. Como docentes no somos sólo un referente de conocimientos, sino de comportamiento, actitud, lenguaje. En ocasiones, la única referencia positiva que el adolescente tendrá en su círculo comunitario. Por lo tanto, el rol del docente no se restringe al aula ni finaliza al final del año escolar. El maestro es un referente para la vida. Y eso es un privilegio.

## Testimonios de estudiantes

Rebeca Conde, actualmente en segundo año de secundaria, dejó su opinión en forma de carta a la profesora. En él, la estudiante agradece a la docente el esfuerzo y dedicación que ha puesto, reafirma que su papel es fundamental y que admira la solidez, el método de enseñanza y la forma en que Paola transmite conocimientos, asegurando la formación de un público más amplio. Es capaz de sensibilizar y preparar muy bien a sus estudiantes para debatir temas que afectan actualmente a la sociedad. Al final de la carta, la alumna también se propone elogiar el estilo de la profesora, reforzando que es muy elegante y un ejemplo de mujer.

Al ser invitado a hablar sobre la profesora Carmen Paola, el estudiante Kaio Lima, quien cursa el tercer año de secundaria, afirmó que la materia que ella impartía, Sociología II, fue fundamental en su desarrollo y supuso el replanteamiento de sus opiniones e incluso de su forma de vida. Dice que el tema debería discutirse más en las aulas porque implica aspectos esenciales para que la sociedad pueda aprender y reflexionar más.

Víctor Brito, actualmente en primer año de secundaria, dice que con la maestra aprendió que la Sociología es una ciencia dedicada a estudiar cuestiones sociales, como la política y la Declaración Universal de los Derechos Humanos, permitiendo reflexionar sobre cómo se comportan las personas en un mundo cada vez más globalizado.

Entre las posibles reflexiones, el estudiante plantea algunas preguntas importantes que fueron abordadas en el curso, tales como: "¿La sociedad avanza cada vez más hacia un camino de libertad y justicia? ¿O tenemos que luchar para que algún día podamos conseguir un mundo mejor para todos? ¿Se acabó la esclavitud? ¿Se acabó la misoginia? ¿Feminicidio? ¿Intolerancia religiosa? ¿Han llegado a su fin las discriminaciones que realmente ofenden el carácter y la dignidad humanos?" Concluye que, para formar una sociedad de jóvenes con una mentalidad más amplia y acostumbrada a la diversidad y a la libertad humana, ante la ley, es fundamental que haya más espacio para reflexiones como las que permite dicha disciplina.

A continuación, el estudiante afirma que la Sociología tomó importancia desde el primer día de clases con la profesora Paola. Agrega: "fue una de las mejores experiencias de mi vida, era el tema con el que más me identificaba. Soy una persona muy apasionada por los temas que mencionaba, siempre me ha gustado contribuir de alguna manera a hacer cada vez mejor la sociedad, creo que esto lo hago cuando dejo el desconocimiento a un lado y respeto la diferencia de los demás como seres humanos. Una frase se me queda grabada en la memoria, estaba en la camiseta de la profesora, "humanamente diferente". Me pasé todo el día reflexionando, viendo que todos somos seres humanos ante la ley, aunque seamos diferentes unos de otros, tenemos diferentes comportamientos, formas de pensar, ideologías y opiniones, y esto no nos hace mejores que el otro, todos somos seres humanos".

Además, sobre el conocimiento sobre la "Carta de la Declaración Universal de los Derechos Humanos", el estudiante refuerza que el derecho a expresarse, a seguir la religión en la que te sientas cómodo, a estar protegido de la discriminación, a ser quien eres y quien quieres ser, es fundamental. También concluye que muchas personas sufrieron diversos tipos de violencia y les quitaron la vida "para que se nos garanticen estos derechos" y llama a valorar algunos derechos que hoy aquí parecen tan simples, pero no lo fueron en algún momento o lugar.

Sus últimas palabras son también fruto de su aprendizaje con la profesora Paola y advierte: "todavía hay discriminación y gente que viola derechos, pero no nos crucemos de brazos, ¡luchemos juntos! Sigamos buscando la tan ansiada libertad y una sociedad justa, que respete la diversidad, este es el camino hacia un mundo mejor".

# Capítulo 8. Aprendiendo de un profesor de Geografía de Educación Técnica Integrada

## Felipe Silveira de Souza

*Carta a alguien que pensó que no pertenecía allí*

*Destinatario: Cualquiera que sintiera que no pertenecía al lugar donde estaba.*

*Remitente: El que se encuentra con lo que mejor sabe hacer.*

Querido joven Felipe, te escribo para decirte que tu camino docente será un tanto diferente al que proyectabas.

Lo digo porque allá por el 2007, cuando comenzabas a trabajar como suplente en una institución que apenas conoces, el Centro Federal de Educación Tecnológica de Rio Grande do Sul (CEFET-RS), en Sapucaia do Sul, pensaste que era importante inscribirte en la selección para profesor sustituto, ya que te quedarías sin beca y llegaste tarde a la presentación de tu tesis de maestría. En ese momento entiendes que sería interesante ingresar a una institución federal, pero no tienes mucha idea de lo que se hace allí. Sabes que esta institución tiene educación secundaria y por eso quieren un profesor de geografía. Como tienes experiencia en cursos preuniversitarios populares, no tengas miedo, y que sepas que podrás hacer un buen trabajo en este tipo de enseñanza.

Sin embargo, sé que tienes ambiciones académicas y planeas que, tan pronto como termines tus estudios de posgrado, serás profesor universitario en una carrera de geografía. Y ahora debo decirte esto: no lo conseguirás. En cualquier caso, te aseguro que esto no será motivo de frustración, ya que en tu recorrido te darás cuenta de que la secundaria es donde te sientes más cómodo como docente y profesional de la educación.

Ahora quizás te preguntes por qué dije profesional de la educación por separado del docente. Tu carrera no se limitará al trabajo presencial, ya que también tendrás la oportunidad de gestionar la educación desde diferentes aspectos y funciones. Y créeme, ¡lo harás bien! Pero, de hecho, como ya podrás imaginar, el lugar donde más te sentirás realizado profesionalmente será en el aula. Y, en particular, en la enseñanza de la geografía para la educación secundaria, ya sea a jóvenes adolescentes de la educación regular, o a trabajadores de la Educación de Jóvenes y Adultos (EJA). Sin embargo, es importante resaltar que esta comprensión de lo que realmente te hace mejor profesionalmente tardará un tiempo en llegar.

Déjame retroceder un poco, ya que estás empezando como profesor suplente en una institución que apenas conoces. Te cuento un poco al respecto. Esta institución cuenta con carreras técnicas y de tecnología superior. Como resultado de una reforma de la educación profesional llevada a cabo diez años antes, la educación secundaria está separada de la educación profesional. Y sé que te sientes más cómodo así. Después de todo, nunca quisiste hacer un curso técnico. Solo completaste tu educación secundaria con un curso de Auxiliar de Procesamiento de Datos porque tus amigos eligieron esta carrera en el Colégio Estadual Júlio de Castilhos (Julinho).

Sin embargo, te lo digo, todo esto cambiará con el tiempo. De hecho, aunque en el CEFET-RS la secundaria se separe de la formación técnica, esto cambiará, sobre todo porque, en su desconocimiento sobre la formación profesional, no sabes que en 2004 fue aprobada una ley que permitía la oferta de cursos integrados de bachillerato formación técnica.

En todos los lugares que ofrecen educación profesional, esta separación será algo del pasado (al menos desde un punto de vista objetivo). Incluyendo el lugar que te albergará como docente permanente en 2008, CEFET-SC, Unidad São José. Sí, después de un año como docente suplente en Rio Grande do Sul, aprobarás un concurso en esta misma red federal, sólo en Santa Catalina. Y seguramente el tiempo que pases en CEFET-RS será decisivo para que aprendas un poco sobre esta formación profesional hasta ahora desconocida, que te permitirá competir bien. Sin embargo, debo decirte que aún estarás muy lejos de saber realmente qué es la educación profesional.

Ya sea estando en el CEFET-RS o cuando comiences como docente permanente en el CEFET-SC, siempre intentarás adoptar alguna disciplina en los cursos de educación superior. Después de todo, uno se imagina a sí mismo como un académico. Y lo es un poco. Pero los cursos de educación superior en educación profesional y tecnológica generalmente están lejos de la geografía. Es decir, para cumplir con ese deseo que tienes, realizarás cursos de "Metodología de la investigación" tanto en esta experiencia en el CEFET-RS, en la que trabajarás en un curso de tecnología superior en Fabricación Mecánica; como en el CEFET-SC, donde Trabajarás en la Licenciatura en Química. Porque aunque disfrutas dando clases en secundaria, crees que tu futuro debería estar en la universidad. Enseñando a los futuros geógrafos temas relacionados con la investigación que pretenden realizar. Sin embargo, como te dije antes, esto no sucederá. Y ciertamente esta idea de trabajar en materias de Metodología de la investigación, o equivalentes, no será algo que te cautive como docente.

Hoy, desde este espacio-tiempo llamado 2023, donde te escribo, trabajas con una asignatura de educación superior en una carrera de Ingeniería en Telecomunicaciones. Una disciplina llamada "Ingeniería y Sostenibilidad", con un fuerte sesgo político medioambiental, en la que haces un buen trabajo y eres bien evaluado, pero, definitivamente, no es ahí donde te sientes imprescindible y feliz. Te sientes bien en la escuela secundaria, en Bachillerato Integrado, por cierto.

Llamo tu atención sobre el término educación secundaria integrada, porque sé que tú, desde donde están, aún no sabes qué significa educación secundaria integrada o educación técnica integrada. En Sapucaia do Sul enseñas en una escuela secundaria propedéutica, tal como lo harás cuando comiences en São José, sin embargo, un gran cambio está a punto de ocurrir en la educación profesional en Brasil.

Incluso podrás aprobar un concurso público debido al importante aumento en el número de vacantes que brindará esta red a través de un proceso denominado "Ampliación de la Red Federal de Educación Profesional y Tecnológica". No trabajarás en un nuevo plantel, pero su vacante recién surge cuando el Ministerio de Educación decida realizar esta ampliación, en este proceso que también se conoció como *Ifetización* de la Educación Profesional. Es decir, la mayoría de los Centros Federales de Educación Tecnológica se convertirán en Institutos Federales de Educación, Ciencia y Tecnología. Tendrán un estatus similar al de la universidad, incluido el de tener rectores.

Sin embargo, para convertirse en Instituto, los CEFET deberán haber matriculado al menos el 50% de sus estudiantes en cursos técnicos, preferiblemente integrados. En este contexto, todo CEFET que se convierta en FI debería convertir sus cursos de bachillerato propedéutico en cursos de bachillerato integrados, es decir, cursos cuyo plan de estudios permitan la educación secundaria más una formación técnica. Tú, en ese momento, levantarás la nariz. Al fin y al cabo, el curso de bachillerato propedéutico que realizarás en São José tiene excelentes resultados. Tienes una buena carga de trabajo para enseñar geografía. Tus estudiantes pueden ingresar fácilmente a una universidad. Sin embargo, en el CEFET-SC, que pasará a ser el Instituto Federal de Santa Catarina (IFSC), no será posible mantener este curso de forma propedéutica.

En 2008, formarás parte del grupo responsable de la instalación de los PPC de estos nuevos cursos integrados de secundaria. Aun así, en la inmadurez que todavía tendrás con relación a la formación profesional, verás que los estudiantes que ingresan a la escuela tendrán una formación secundaria precaria. Esta idea de la precariedad de la educación secundaria, por su integración, tarda un tiempo en disiparse de tu mente. Piensas matemáticamente en las horas que perdiste con la construcción del proyecto integrado. Tenías alrededor de 240 horas de geografía en el plan de estudios anterior, ahora en el plan de estudios integrado tienes 140 horas. Sin embargo, a pesar de que los estudiantes realmente pierden horas en geografía, se puede ver que todavía tienen una buena educación en general. Se ve que el hecho de haber realizado 3200 horas de cursos, con el trabajo como principio educativo, los prepara muy bien para la vida.

El "piso de fábrica" te mostrará que lo que se hace en la escuela secundaria integrada, a pesar de algunos problemas, es muy bueno. Una formación humana integral, en la que los estudiantes pueden tener contacto con la cultura, la ciencia, la tecnología y el trabajo para que adquieran competencias politécnicas.

Los "problemas" que mencioné anteriormente ocurren precisamente porque muchos colegas, al igual que tú al comienzo de tu carrera, no entienden qué es la educación profesional y qué es la educación secundaria integrada. Para muchos, lamentablemente, el hecho de que el bachillerato esté integrado con la formación técnica significa que existe el deseo de que todo gire en torno a la profesión que se alcanzará con la realización de este tipo de carreras.

De este razonamiento se derivan dos cosas: una es que hay poca eficiencia en la educación secundaria integrada porque muchos de los jóvenes que se gradúan con nosotros no trabajan como técnicos; la otra es que, para muchos, la formación general debería priorizar, en términos de carga de trabajo, materias directamente correlacionadas con la formación técnica.

Estos dos argumentos son erróneos, el primero porque parte de la idea de que el trabajo es un fin, que la carrera sólo es válida si el egresado ejerce la profesión técnica, es decir, este supuesto no parte de la idea de que, en primer lugar, el trabajo es un principio pedagógico, un medio, al igual que la cultura, la ciencia y la tecnología.

Dado mi último argumento, es un error querer crear un plan de estudios de secundaria que tenga una presencia masiva, en términos de carga horaria, de materias de educación general que se supone están más directamente correlacionadas con el área de formación técnica, porque entonces una vez más colocamos la idea de centralidad en la formación de profesionales técnicos –que, en mi opinión, aquí en 2023– no debería ser el camino que seguir.

Pero, aunque tengamos algunos retrocesos, puedo decir, con la certeza de quien pasó por una Reforma de la Educación Secundaria que causó daños irreparables a la juventud brasileña, que la educación secundaria integrada es la mejor política educativa pública brasileña para esta etapa de la educación básica. Al eliminar las asignaturas escolares tradicionales y crear itinerarios formativos, los estudiantes sólo tienen la ilusión de poder elegir cómo será su formación.

Lo que digo hoy es resultado de la maduración de la formación que tendrás como docente de geografía en la educación profesional y tecnológica. Todavía estás ahí en 2007, dándole vueltas a esta idea de trabajar con la educación profesional. A veces te posicionarás en los debates institucionales de una manera que no lo harías hoy.

Un ejemplo es tu oposición a los llamados Proyectos Integradores durante el debate que formuló los Proyectos Pedagógicos para los cursos integrados de Telecomunicaciones y Refrigeración y Aire Acondicionado (PPC) en los que trabajarás. Hoy pienso que sería un beneficio efectivo para los cursos tener Proyectos Integrativos –con la carga de trabajo y docentes esperados–. Pero cometer errores y hacer las cosas bien es parte de este proceso de formación. Más aún en estos debates a escala institucional. Ahora bien, desde el punto de vista de la microescala institucional, que es el aula, cometerás pocos errores, pues ya llevas contigo un buen sentido de justicia, comprensión y empatía con los estudiantes.

Además, a partir de ahí se comprende que un docente necesita saber que su encuentro con sus alumnos está mediado por el conocimiento y que, por lo tanto, el docente siempre debe pensar claramente en los pasos pedagógicos que dará en esa mediación. Te reconoces como autoridad, porque tienes conocimiento, pero sabes que tener autoridad no significa ser autoritario, como ya señaló el maestro Paulo Freire. Puedo decir con satisfacción que incluso aquí en 2023 se sigue huyendo del autoritarismo.

En definitiva, estos requisitos sin duda te ayudarán a ser bien evaluado por los estudiantes a lo largo del tiempo. Les caes bien. Cuando te encuentran en la calle, incluso después de haberte graduado ya en IFSC, insisten en "intercambiar una idea contigo". Ante este tipo de situaciones formularás la siguiente tesis: "el día que los alumnos cruzan la calle cuando pasa un profesor, es señal de que ese profesor no está haciendo lo que debe hacer". Aquí, en 2023, puedo decirte que los estudiantes se esfuerzan por saludarte. En particular, los que vienen de secundaria.

En IFSC, puedes hacer cosas que otros colegas de geografía generalmente no pueden hacer. Un ejemplo son las excursiones, teniendo en cuenta que hay un autobús y una furgoneta disponibles en el campus donde trabajarás. Otra ventaja que tienes es tener tiempo para planificar tus clases y evaluar tranquilamente a los alumnos. Esto promueve la calidad en el trabajo y la vida. De hecho, estas posibilidades te pondrán en contacto con la universidad, ya que recibirás muchos pasantes de la UFSC, entonces tal vez, pensando ahora en lo que escribí inicialmente, puedo decir que tu idea de estar en el mundo académico fue parcialmente frustrada, considerando que, por otro lado, cuentas con el reconocimiento de esta misma universidad en relación a la práctica pedagógica que realizas —quién lo hubiera pensado— en la escuela secundaria.

Es por estas razones que manifesté al inicio de la carta que aunque tu carrera no se haya desarrollado en el eje académico-universitario, serás feliz siendo un buen profesor de secundaria. Tienes el respeto de tus compañeros por los roles que desempeñas. Y especialmente de tus alumnos, que además de respeto, te tienen un gran cariño. Lo cual, de hecho, saben que es recíproco, porque incluso en 2007, nunca te avergonzaste de decir lo apasionado que estabas por lo que hacías. ¡Sigue así, todo irá bien! Y cuando no funcione, ten paciencia y aprende de sus errores. Para que el error se convierta en un acierto.

## Lo que aprendí: experiencias exitosas y errores que cometí

Ciertamente aprendí muchas cosas durante estos más de 16 años de formación profesional. Ya sea cometiendo errores o acertando, lo importante es que la reflexión suceda y que ésta produzca aprendizaje y madurez.

Como escribí en la carta, llegué a la educación profesional y tecnológica sin saber muy bien cómo se desarrollaba, sin entender muy bien cuáles eran sus dilemas. Creo que la gran mayoría de los compañeros tienen el mismo desconocimiento. La educación profesional y tecnológica es muy cambiante en Brasil. Las políticas públicas para la EPT cambian al capricho de los gobiernos. Es difícil tener claro de qué se trata ante tantos cambios a lo largo de la historia.

De todos modos, cuando se trataba de la Escuela Secundaria Integrada, una de las bases de la educación profesional y tecnológica en Brasil, tenía muchos prejuicios porque entendía que era una educación básica de corta duración, lo que obstaculizaba la capacidad crítica de los estudiantes. Con el tiempo observé que la formación puede ser muy buena, siempre y cuando logre articular diferentes dimensiones de la vida como la ciencia, la cultura, la tecnología y el trabajo.

En IFSC tuve la oportunidad de comprobar que, aún con la necesidad de ajustes, es posible acercarse a la Formación Humana Integral. A medida que fui conociendo la institución y sus carreras, mi práctica pedagógica se volvió más consciente de su rol y, en consecuencia, pude establecer un proceso de enseñanza-aprendizaje más efectivo.

Esta mayor claridad sobre nuestro rol —el mío como docente y el de la institución como formadora— me hizo estar más involucrado en la articulación e integración de los conocimientos y saberes desarrollados en los cursos integrados de secundaria en los que participo. Esto incluso suena gracioso debido a que al inicio de mi carrera en Educación Profesional y Tecnológica tenía cierto "rencor" con los llamados Proyectos Integradores, que son precisamente los espacios de integración curricular más privilegiados que puede tener una carrera, independientemente de si se trata de educación secundaria integrada.

Mis reservas sobre los Proyectos Integradores, por cierto, no se basaban en una repulsión hacia la interdisciplinariedad y/o la integración de conocimientos, sino más bien en relación con el intento de establecer esto de forma obligatoria en los planes de estudio. Entendí que la interdisciplinariedad debe darse de forma espontánea y no obligatoria.

Sin embargo, aunque todavía entiendo que las integraciones espontáneas son más auténticas que las obligatorias, la experiencia me demuestra que cuando no hay un espacio-tiempo reservado en el currículo para la construcción de la integración curricular, la mayoría de las veces no se logra nada. Por eso, hoy tengo una visión diferente a la que tenía en 2008, cuando participé del grupo que formuló los PPC para los cursos integrados de secundaria del IFSC São José.

En estos PPC no incluimos Proyectos Integrativos con carga horaria en el plan de estudios, por lo que en la práctica se llevan a cabo pocas iniciativas de integración. Gran parte de este cambio en la comprensión que tengo hoy en relación con los proyectos integradores resulta precisamente de los intentos de ejecutarlos a lo largo de mi carrera en IFSC.

Estuve involucrado en muchos intentos de integración, con los más diversos sesgos y metodologías. Recuerdo, por ejemplo, un proyecto de integración curricular que hicimos en las carreras de Telecomunicaciones y Refrigeración y Aire Acondicionado, en el que los estudiantes realizaron una serie de trabajos teóricos o prácticos cuyo tema era "Revolución Industrial", a partir de actividades promovidas por las disciplinas de formación general –geografía, física, historia y filosofía– que se añadieron a los componentes curriculares de la formación técnica. Fue un momento muy rico, con mucho aprendizaje.

Otro buen recuerdo es de un Proyecto Integrado para la carrera de Telecomunicaciones, donde los docentes de Formación Técnica sugirieron producir algunos equipos que solucionarían un problema ambiental. En este contexto, organicé un debate sobre residuos electrónicos y llevé a los estudiantes a una visita técnica a una empresa que clasifica este tipo de residuos. En la empresa, el propietario informó de la necesidad de contar con un Punto de Vertido Voluntario de Residuos Electrónicos que fuera inteligente, es decir, que le permitiera conocer a distancia la cantidad, la masa y el volumen de residuos depositados en él, de modo que la logística de la empresa pudiera ser más eficiente. Los estudiantes tomaron esto como un desafío y crearon un prototipo que fue muy valorado y elogiado.

De estos y otros ejemplos, ahora concluyo que si tuviéramos un espacio-tiempo en el currículo demarcado para estas integraciones, ciertamente tendríamos una formación mucho más sólida para nuestros estudiantes. También veo esto porque en ocasiones desarrollo salidas de campo interdisciplinarias, donde puedo contemplar aspectos importantes para la geografía, así como puntos cruciales para otras disciplinas.

Realicé viajes de estudios a Campinas y São Paulo, donde, a través de visitas a museos y observaciones de lugares estratégicos, debatimos sobre el papel de la migración, además de aprovechar la oportunidad para visitar empresas del sector de las telecomunicaciones. En Porto Alegre ya organizamos viajes similares, visitando empresas frigoríficas. Estas salidas al campo tienen un enorme poder formativo. Incluso cuando las excursiones se promueven aisladamente de la materia de geografía, veo un enorme crecimiento en nuestros estudiantes. Y lo reconocen. Por supuesto, tenemos la posibilidad de realizarlos porque tenemos un autobús y una furgoneta disponibles en el campus. Y esto no hace más que reforzar la idea de que una buena educación presupone inversión. El autobús y la furgoneta son instrumentos de laboratorio de la geografía. Porque nuestro objeto de estudio es el mundo y es necesario poder acceder a él. Hoy no puedo prescindir de la posibilidad de realizar excursiones en la disciplina de geografía.

Además de las salidas de campo, otra cosa que creo fundamental en mi trabajo es la evaluación basada en mapas conceptuales. En el bachillerato integrado dejé de hacer exámenes. Pero no sucedió de la noche a la mañana. Fue un proceso. Antes de iniciar mi labor como docente en Educación Profesional y Tecnológica, nunca había trabajado con la necesidad de realizar evaluaciones. Yo era docente preuniversitario, es decir, trabajaba para una evaluación que no era yo quien administraba. Y aunque tengo una crítica respecto al proceso de examen de ingreso como evaluación, cuando comencé a tener que evaluar a los estudiantes en mi proceso de trabajo pedagógico, utilicé pruebas con preguntas de examen de ingreso. Un método muy tradicional y conservador.

Sin embargo, con el tiempo comencé a sentirme incómodo con este tipo de valoraciones. Empecé a preguntarme si los estudiantes eran capaces, al final de un proceso de evaluación, de tener una visión más global de lo que estudiaban. Ante esto, recurrí a algunos intentos para que mis alumnos crearan mapas conceptuales. La idea de los mapas conceptuales, debo decir, surgió de experiencias que tuve en la construcción de PPC en el IFSC y de un proceso de planificación urbana simulada con el que tuve contacto durante mi doctorado en geografía en la UFSC.

Durante la experiencia en IFSC, en 2008, movilizados por el Prof. Evandro Cantú, mi inmadurez no me permitió vislumbrar el potencial de la herramienta como organizadora del conocimiento. Poco después, en mi experiencia en la UFSC en un curso de Planificación Urbana impartido por el Prof. Élson Pereira, pude darme cuenta de que la herramienta tenía un enorme potencial como herramienta para analizar problemas y organizar el conocimiento necesario para afrontar las preguntas.

Entonces, cuando regresé de mi doctorado en 2013 (estuve fuera entre finales de 2012 y finales de 2013), decidí intentar utilizar esta herramienta como evaluación. Poco a poco introduje este método de evaluación y con eso comencé a abandonar los exámenes, aunque en mi práctica tengo que resolver ejercicios de pruebas de ingreso, considerando que están bien diseñados. Y veo que a mis alumnos les resulta muy interesante la estrategia que adopto. Reconocen que los mapas conceptuales les permiten organizar los conocimientos aprendidos y, además, la propia herramienta puede ser utilizada en otras cuestiones de la vida estudiantil, como definir estrategias para estructurar proyectos. Durante estos tiempos incluso aprendí sobre estudiantes que utilizan mapas conceptuales en su vida profesional y académica después de la secundaria.

Lo que puedo decir es que esta herramienta se convirtió en un elemento básico de mis clases y, desde entonces, he tratado de comprenderla mejor teóricamente, utilizando los trabajos de Joseph Novak, quien es el precursor de este debate. Aunque en mi opinión el debate sobre los mapas conceptuales carece de un enfoque más crítico, veo mucho poder en esta herramienta. Y los estudiantes también.

Todos estos años de Educación Profesional y Tecnológica ya me han dado mucha madurez en relación a mi labor docente. Siempre intento actualizar mis clases con textos periodísticos y audiovisuales para que podamos trasponer los debates cotidianos al campo conceptual de la geografía. Es otra forma, que además de las salidas al campo, te permite acercar el mundo al aula. Aunque a veces siento que estructuro mis clases, más allá de lo necesario, en un debate mediado en mi exposición sobre un tema determinado, puedo, con el uso de estas herramientas textuales y audiovisuales, llevar al estudiante a una posición de diálogo y debate de ideas.

Desde esta misma perspectiva, he animado a los estudiantes a realizar investigaciones –con rutas predeterminadas– para profundizar en el conocimiento geográfico a partir del protagonismo del conocimiento producido por jóvenes y adultos. Un buen recuerdo que tengo es de un proyecto en el que pedí a unos alumnos que realizaran un urbanismo para una ciudad ficticia en el que les proporcioné un mapa topográfico y unas condiciones.

El resultado fue fantástico. Los estudiantes hicieron modelos, simulando ciudades en un juego llamado City Skylines, algo que iba mucho más allá de lo que yo había diseñado. De hecho, tengo muy buenos estudiantes. Por eso es fácil aprender de los aciertos y de los errores, ya que siempre nos traen buenas respuestas.

Sin duda soy hoy mejor docente que el que inició la carrera en Educación Profesional y Tecnológica hace 16 años. Pero quiero y necesito seguir mejorando. Un maestro siempre está en construcción.


## Testimonios de estudiantes

El ex alumno Lucas Hames escribió la siguiente declaración:

"Es difícil resumir las experiencias que tuve con el profesor Felipe, dentro y fuera del aula, ¡porque fueron muchas! Desde el primer contacto habló brevemente con los alumnos para entender el perfil de la clase. Durante esta charla preguntó a quién le gustaba y no le gustaba Geografía. El resultado fue abrumador: alrededor del 70% no le gustaba, el 20% era neutral y a otro 10% le gustaba. Se propuso cambiar esta concepción negativa de la asignatura al final del semestre.

La geografía suele ser descuidada en la escuela secundaria, muchas veces por los propios estudiantes, quienes muestran un gran desinterés por las materias de ciencias humanas, pero Felipe cambió esta realidad con su enseñanza, entusiasmo, buen humor y paciencia. Un momento memorable fue cuando nos pidió que creáramos un modelo de ciudad ideal, siguiendo los conceptos aprendidos en clase, algo relativamente sencillo. La clase se emocionó y, a través de un juego de ordenador (City Skylines), construyeron ciudades sorprendentes, generando debates increíbles. Sus clases se volvieron emocionantes para todos, incluido el 70% al que no le gustaba la materia, por lo que los estudiantes se involucraron cada vez más en las clases.

Un punto interesante es que siempre quise enseñar, pero como había estado involucrado profesionalmente con la tecnología desde los 15 años, no me veía como maestro. Sin embargo, al dar clases con el profesor Felipe, este deseo creció y con el tiempo la idea ya no salía de mi cabeza. Hoy, mi sueño es postular al IFSC y regresar al Campus São José, donde me gradué, para enseñar y ayudar a desarrollar el interés de los jóvenes por temas que podrían considerarse "aburridos", tal como lo hizo el profesor Felipe con nosotros.

Actualmente tengo 23 años, fui alumno del profesor Felipe entre los 16 y 18 años, en el curso técnico integrado de Telecomunicaciones, y puedo decir con seguridad que tuvo un impacto inigualable en la vida de todos sus alumnos del IFSC. Es una persona de carácter ejemplar, perfecta capacidad docente y apasionado por lo que hace. Como ex alumno y amigo, le agradezco sus consejos y dedicación a los estudiantes de IFSC. Finalmente puedo decir que no todos son perfectos y Felipe no sería diferente, su mayor defecto, sin duda, es ser un fanático del Grêmio".

La exalumna Karine Beppler Vieira, que ahora tiene 31 años, también escribió una declaración:

"Mi nombre es Karine, fui alumna del profesor Felipe durante dos años y medio en educación secundaria. Al decir mi profesión, creo que ya hablaré de la influencia del Profesor en mi vida. Soy profesora de Geografía en la Red de Educación del Estado de Santa Catarina.

El profesor Felipe contribuyó a mi formación preparando buenas clases, respondiendo dudas y transmitiéndome su amor por la Geografía en sus clases. Cuando le conté mi deseo de estudiar una carrera, me gustaba Historia y Geografía. ¡Me animó mucho! Él y el profesor Paulo incluso pagaron mi inscripción para el examen de ingreso en ese momento. Estuve a punto de renunciar a hacerlo, primero porque no tenía dinero y segundo porque pensé que sería muy difícil que me aprobaran. Gracias a la calidad de la enseñanza, así como al estímulo que recibí, aprobé las dos pruebas de acceso que realicé ese año a la carrera de Geografía.

Aparte de la formación general, el amor por la Geografía, el desarrollo del pensamiento crítico, el incentivo moral y económico para realizar el examen de ingreso; cuando llegué a la última etapa de la Licenciatura en Geografía, él también contribuyó a mi formación al aceptar que hiciera mis prácticas obligatorias con él. El Profesor me abrió su casa y compartió sus experiencias. Mis primeras clases en la vida las di bajo su supervisión.

Estoy muy agradecida con todos mis profesores, y le tengo mucho cariño a Felipe por ser este profesor alentador A usted, profesor Felipe, ¡le ofrezco mi más sincero agradecimiento!"

El exalumno Lucas también escribió la siguiente declaración:

"Mi nombre es Lucas Costa Fontes y tengo 23 años. Fui a clases con el Profesor Felipe durante 3 semestres en educación técnica y otro semestre en educación superior, en total 2 años de contacto.

El profesor Felipe tiene muchas cualidades como docente, como su método de evaluación a través de mapas mentales, que nos permite aprender más que en un examen, su enseñanza, que es muy completa sin importar si es en una clase online o en una clase en persona y su forma de conducir la clase, aplicando los contenidos, pero siempre abriendo espacios para preguntas. Sus clases, por muy interesantes que fueran, terminaron generando debates constructivos sobre los conceptos enseñados.

Mi experiencia con el maestro fue excelente, ya que teníamos una relación alumno-maestro muy respetuosa dentro del aula, que se extendía a la amistad fuera del aula. Siempre me han interesado sus clases porque es un profesional sumamente competente y muy buena persona.

El profesor Felipe contribuyó a mi formación de varias maneras: la forma en que evaluaba me ayudó a organizar mejor mis pensamientos, la forma en que sus clases eran interactivas me ayudó a argumentar mejor para defender o explicar un punto de vista, y también aprendí a escuchar y comprender a los demás de manera respetuosa.

En muchos sentidos estoy agradecido al profesor Felipe, ya que nuestra relación me ayudó, de alguna manera, a evolucionar en todos los ámbitos de mi vida".

# Capítulo 9. Aprendiendo de un profesor de Educación Superior

## Cristiane María Ribeiro

*Carta de quien llegó a lo más alto.*

*Destinatario: El que no tenía expectativas.*

*Remitente: El que llegó a lo más alto*

Niña, te escribo esta carta desde el futuro, en unos días cumpliré 53 años. ¡Mi primera confesión contigo, que actualmente tienes casi 15 años, tardó mucho en llegar! Tenía ganas de no escribir, inventé un montón de actividades que no necesariamente tendría que hacer para no tener que contarte nuestra historia. Parafraseando a Tina Turner –a quien amas, pero que nunca has ido a un espectáculo suyo– "no era una buena vida". Pero es innegable que hubo muchos buenos momentos, mucha resiliencia y algunas victorias memorables que es necesario registrar para fortalecer a quienes, como nosotros, luchamos por una vida digna a pesar de las dificultades.

Entonces, veamos los hechos sobre tu vida familiar, emocional y profesional y tal vez también hable sobre tu salud mental. Cuando cumplas 15 años no tendrás la fiesta que soñaste, no habrá pastel, de hecho no habrá celebración y subirás al árbol de Goiabeira y llorarás por la pobreza, la falta de dinero, racismo y exclusión que ya sabes identificar, pero aún no sabes cómo afrontar.

De hecho, ya sabes que tus 15 años de vida no han sido fáciles. Cuidas a cinco hermanos, los lavas, cocinas, haces los deberes con ellos, los llevas al colegio e incluso te encargas de sus vacunas. En tu casa no hay electricidad ni agua corriente. Lo bueno de hoy es que tienes cisterna, pero hubo un tiempo en que sacabas agua de la cisterna de tu vecino.

Sabes que tienes todas estas responsabilidades porque tus padres salen de casa a las cinco de la mañana y regresan a las 6 de la tarde. Lamentablemente, esta situación, de ser responsable y muchas veces cargar con algunas mochilas demasiado pesadas, ocupará toda tu existencia. Te convertirás en una especie de tutora o cuidadora de tus padres, hermanos, sobrinos, vecinos y esto consumirá parte de tu tiempo y afectará a tu vida personal y profesional, y naturalmente, a tu salud mental. A pesar de reconocer que los límites son importantes, también es fundamental recordar que una vida de servicio es una vida de valor, que marca la trayectoria de aquellos a quienes cuidamos. Como diría Michel de Montaigne "la ocupación más honorable es servir al público y ser útil al mayor número de personas".

Lamento decirte que, cuando cumplas 16 años, tu hermano mayor morirá en un accidente en las Fuerzas Armadas, en el Ejército de Brasil. A pesar de ser una tragedia, tu madre recibirá una pensión, lo que significa que la muerte de tu hermano proporcionará los medios económicos para que tu familia tenga un hogar digno. Además, tú y todos tus hermanos podrán estudiar y graduarse en universidades públicas, de forma gratuita, pero no tan laicas como deberían. Esto lo entenderás cuando estés estudiando y siendo parte del movimiento estudiantil.

Empezarás a trabajar en 1987 y permanecerás en tu primer empleo hasta 1988. En este momento empezarás a descubrir las fiestas, la Coca-Cola con vodka y limón y los bailes en la discoteca "Turunas da Mata". Pero también descubrirás que a las jóvenes negras "casi" nunca las invitan a bailar y que los únicos momentos de la fiesta en los que "se quedan en los rincones" son aquellos en los que suena rock, samba o cuando bailan con sus hermanos y primos.

Besarás a muchos chicos, podría decir a casi todos los que quisieras. Sin embargo, pronto descubrirás un *modus operandi* de los hombres racistas y sexistas: los besos son en los rincones, en la oscuridad, muchos hombres dirán las palabras "es nuestro secreto" y no te pedirán una cita, o simplemente desaparecerán cuando los cuestiones. Lo bueno de esta historia es que un día sabrás que no quieres ni necesitas esto, que mereces lo mejor del mundo, tal vez no encuentres a ese hombre, pero eso dejó de ser esencial cuando te convertiste en madre, otro capítulo doloroso de tu vida, quizás el más difícil.

Hablemos de tu vida profesional. Realizarás un curso técnico profesional en contabilidad y otro en docencia, aprobarás dos concursos públicos para trabajar en Educación Básica y trabajarás en la red municipal durante 14 años y en la red estatal durante 15 años. Una vez más no será fácil. Tu universidad estará ubicada a 150 km de tu casa e irás allí todos los días. Esto significa que tendrás una rutina agotadora e iniciarás tus actividades profesionales y académicas a las 6 de la mañana y finalizarás a las 12 de la noche. Aún así serás una gran académica, tanto es así que un profesor en su momento te dirá que tienes que seguir y hacer una Especialización y Maestría, lógicamente lo lograrás. Digo esto porque, a tus 15 años, ya tienes la fuerza, la fe, la voluntad y el coraje que te llevarán en este viaje, por lo que es lógico que lo logres.

En cuanto a la elección de la carrera de Pedagogía, ya eras una docente "nata", por lo que su decisión fue seguir la lógica formal y continuar en el área. Quizás te preguntes "¿fui feliz en la universidad?" Bueno, la mayor parte del tiempo estabas cansada, pero tan cansada que no podías "comprender" la presunción, el eurocentrismo y el racismo que impregnaban las habitaciones y los pasillos. Entonces lo cierto es que fue una época de ceguera, que también te ahorró sufrimiento.

Tu primer puesto en el colegio será como profesora de Educación Infantil en un colegio con "alumnos especiales". A pesar de tu aprobación por el primer puesto del concurso, cuando vayas al colegio a ocupar el puesto, el director te mirará, con clara atención a tu tono de piel, y te dirá "es mejor que te metan en Educación Infantil, porque si los chicos no aprenden nada, el daño será menor". El trato no fue el mismo para la otra profesora, blanca y rubia, que asumió el cargo el mismo día que tú.

Cris, necesito decirte, mi dulce e inocente niña, que pasarás por cosas terribles en los colegios. Los prejuicios en este entorno profesional causarán mucho sufrimiento. Tu autoestima, que ya no es buena, disminuye aún más. Sin embargo, la angustia causada por la discriminación moverá tu fe, y cada día, mientras vas en bicicleta a la escuela, llevas un cuaderno de la novena a Nuestra Señora del Perpetuo Socorro y rezas. ¡Nuestra Señora y Dios os escucharán! ¡Te convertirás en una gran alfabetizadora!

Pero eso no significa que el reconocimiento será fácil. Tendrás un alumno en esta escuela que intentará escapar de clase todos los días. No entiendes su aversión a la escuela ni su miedo, hasta que un día lo tomas por los brazos en un intento de consolarlo y evitar que se escape. En ese momento romperá a llorar, otros empleados, en una acción pedagógica sin ninguna acogida, le preguntarán por qué intenta escapar todos los días y él responderá con las duras palabras: "mi profesora es negra, y yo no quiero estar con negros". Ese día, querida, aprendiste a llorar sin lágrimas.

Vale la pena decir que nadie en la escuela te apoyará, la anécdota se convertirá en el hazmerreír de la ciudad y, lamentablemente, no podrás olvidarlo. Aunque es muy difícil, niña, este será solo el primero de muchos estudiantes que te rechazarán simplemente por tu tono de piel. El lado "bueno" de esto es que te convertirás en una experta en identificar racistas y ponerlos en su lugar.

Acostúmbrate, el racismo, la homofobia y muchos otros prejuicios muchas veces vienen disfrazados de religiosidad. Algunos espiritistas y protestantes con los que interactuarás utilizarán la justificación de que los negros tienen marcas de maldad de otras vidas, descienden de Cam, el hijo rebelde de Noé, y están aquí para mejorar. Tanta desinformación, tanta ignorancia, tanta injusticia y maldad, provenientes de personas que deberían hablar y actuar con amor. Incluso te sorprenderá ver con quién se pondrán del lado muchas personas religiosas en las elecciones presidenciales de 2018 y 2022, pero hablaremos de eso más adelante.

Tu éxito en la educación se debe en gran medida a una característica que muchos reconocen en ti: tu profunda empatía. Tus alumnos, en su mayoría, serán pobres como tú, y por eso los entenderás como pocos.

En tu trabajo de alfabetización, querrás que ellos sueñen en grande, que no experimenten la discriminación racial y social que experimentaste tú en la escuela y en la vida, que vivan desde el amor y la dedicación. Les enseñarás con cariño, amabilidad y firmeza. Les traerás tarta, bocadillos e incluso algún dulce de vez en cuando, para que tengan un respiro y una distracción. Hablará de coraje, esperanza y de un futuro en el que puedan alcanzar las posiciones que deseen.

En términos prácticos, tu primera gran alegría al realizar una actividad antirracista la obtuviste en una situación aparentemente sencilla. Te acostumbrarás a hacer carteles con niños negros, para que los estudiantes tengan referencias positivas. En esta situación, Paulo, tu alumno en ese momento, mirará a un niño negro en un cartel y dirá "se parece a mí" y tú amablemente responderás "¡sí, es hermoso como tú!". Todavía estás cerca de Paulo hoy, él sigue siendo un ser humano hermoso, ahora felizmente casado y con su hija recién nacida.

Después de graduarte, y con la ayuda de una querida maestra, devota de Nuestra Señora del Perpetuo Socorro, enseñarás en una escuela secundaria. Te harás ilusiones pensando que los estudiantes mayores pasarán por alto tu color de piel. Estás equivocado. También tendrás la oportunidad de realizar un curso allí y, para tu sorpresa, tendrás clases con tu única profesora negra. Al igual que tú, ella será tratada como si nada. Sin embargo, apreciará mucho su trabajo. Ella es evangélica, y cuando mires sus rodillas verás que están lastimadas, posiblemente de tanto orar. Al igual que tú, muchos se aferran a la fe para soportar las dificultades de esta vida.

En esta escuela desarrollarás una auténtica fobia hacia los adolescentes. No es de extrañar, cuando se vive con jóvenes perversos, intolerantes y racistas. Pero será por poco tiempo. Próximamente tendrás la oportunidad de cursar un Máster y te irás de licencia para desarrollo profesional. Este será un punto de inflexión en tu vida.

Inicialmente, comenzarás a investigar el tema de la relación entre tecnología de la información y educación. Sin embargo, un día, en un acto que creo que sólo puede ser gracias a Nuestra Señora, tu tutor verá tu mesa de estudio en la biblioteca con dos montones de libros, uno sobre tu tema de investigación y otro sobre el racismo. Después de algunas preguntas por su parte, le explicas que después de leer sobre tu tema, leíste sobre otro tema que realmente te interesó. Fue entonces cuando te mostró que debías cambiar de tema, a partir de entonces, con diligencia y dedicación comenzarás a investigar las concepciones de líderes negros de la ciudad de Uberlândia sobre Educación, expresados en propuestas, planes, tendencias y directrices educativas, con el objetivo de resolver los problemas que enfrentan los negros en las escuelas.

Investigarás cinco grupos de movimientos negros en Uberlândia, elegidos intencionalmente, y dentro de ellos entrevistarás a los miembros de sus juntas directivas. También analizarás el contenido de documentos encontrados en el interior de estas organizaciones, como declaraciones dadas por directivos a programas de radio, televisión y periódicos. A partir de la literatura sobre movimientos sociales, y más específicamente sobre el movimiento negro, descubrirás una controversia sobre qué manifestaciones pueden catalogarse como movimiento social. También revisarás el proceso de construcción histórica de las teorías racistas, buscando mostrar su conexión con las transformaciones ocurridas en el modo de producción de vida material, mostrando que la "naturalización de las diferencias" se dio en un contexto en el que el grupo dominante necesitaban argumentos irrefutables para justificar su dominación y sus desigualdades sociales. Finalmente, se resaltará cómo el modelo positivista de ciencia fue útil en el proceso de difusión y legitimación de tales teorías.

A pesar de tan devastador escenario, también se notará que es unánime entre los líderes considerar que la educación es una de las formas de resolver la situación de los negros, aunque es necesario hacer cambios como: la introducción de la historia africana en la escuela, la redefinición de la historiografía de los negros brasileños, el trabajo de información y la preparación de educadores, empleados, padres y estudiantes para enfrentar las diferencias.

En resumen, investigar el movimiento negro será muy relevante para su carrera y desarrollo personal. Por un lado, descubrirá que hay gente que piensa sistemáticamente en la situación de los brasileños negros, incluida la cuestión de la educación. Por otro lado, entenderás que los movimientos sociales están formados por personas, y estas a veces pueden defender intereses de grupo, intereses propios, sufrir presiones, tener traumas, represiones, estigmas, conflictos internos, en fin, todos los matices que pueden tener un impacto en su activismo.

También vale la pena resaltar que el contacto con estudiosos de la antropología, la sociología y la historia, entre los que debo mencionar a Florestan Fernandes, Octávio

Ianni, Carlos Hasenbalg, Manuela Carneiro da Cunha, Gilberto Freyre, Nina Rodrigues, Oliveira Vianna y Fernando Henrique Cardoso, permitirán calificarte como investigadora interdisciplinaria. Descubrirás que el conocimiento emancipa, como se sugirió anteriormente, serás aprobada en tu maestría, sufriendo, enfrentando el prejuicio de que los negros "son inferiores o menos inteligentes". Superarás esta barrera con gracia y serás la primera de la promoción en defender y la primera en ingresar al doctorado.

No harás amigos en la clase ni establecerás vínculos científicos o emocionales con tu tutor, de hecho, gracias a Dios, ya que las últimas noticias que tendrás sobre Apolônio Abadio do Carmo serán a través de un exalumno que te enviará una denuncia de detención del profesor por haber cometido un crimen atroz.

En el doctorado, el objetivo del estudio será comprender la propuesta educativo/pedagógica de los investigadores que trabajan en el tema "negros y educación" y comprender la comprensión de los negros, las relaciones raciales y la educación que sustentan esta propuesta. Esta pregunta fue resultado de la insatisfacción con las respuestas encontradas en la investigación de maestría sobre qué hacer para resolver las dificultades que los brasileños negros encuentran en el sistema educativo brasileño. Tu hipótesis será que los investigadores que trabajaron sobre el tema "los negros y la educación" podrían aportar pistas importantes y más prácticas sobre qué hacer en sus estudios.

Construirás una retrospectiva histórica de estudios sobre los negros con el objetivo de identificar las principales interpretaciones sobre la situación de la población negra en la sociedad brasileña. Para ello, se revisarán los principales estudios sobre los brasileños negros realizados entre finales del siglo XIX y el presente siglo. Descubrirás que existe diversidad de investigaciones sobre las personas negras y la educación, con los intereses más diversos.

También notarás que los aportes de esta investigación radican en que denuncian enérgicamente las pérdidas a las que está sometida la población negra dentro de las instituciones educativas en todos los niveles, en las relaciones interpersonales, en el uso de los recursos e incluso en la aplicación de estrategias pedagógicas. Luego sugerirás, a través de los datos de tu investigación, que los prejuicios y la discriminación a los que están sujetos los negros en el sistema educativo están institucionalizados, ya que dentro de ellos y en todos sus niveles y aspectos, los negros están sujetos a pérdidas.

Los resultados también señalarán la necesidad de acciones para implementar discusiones sobre la diversidad étnico-cultural en los cursos de formación docente. Por lo tanto, descubrirás que tu atención se centrará en gran medida en llevar el debate sobre el racismo a los cursos de formación de docentes. Pronto serás aprobada en el competitivo concurso para una Universidad Federal en tu Estado, te unirás al movimiento negro, aprenderás a ser militante y, finalmente, introducirás debates sobre la educación para las relaciones étnico-raciales en todos los ámbitos de la sociedad. En la docencia en la universidad: docencia, investigación y extensión.

En este contexto, conociste a una persona que quería tener hijos contigo, pero lamentablemente ese niño, tan amado y deseado, nació con una enfermedad genética. Durante seis meses amaste y sufriste con todas tus fuerzas, pero la vida, que hasta ahora no había sido dulce, se llevó a tu amado hijo, tu Héctor. En las noches oscuras e interminables después de la pérdida, encontraste consuelo en los brazos y el abrazo de

Dios. Después de la partida de tu hijo, contrariamente a todas las expectativas y a la ciencia, tuviste a tu Rhanna, ¡la mayor alegría de tu vida! A veces la maternidad desafía los conocimientos pedagógicos y confieso que muchas veces tengo que recuperar conocimientos ancestrales para acertar.

Y hablando de vínculos de amor y cariño, tendrás dos amigas de toda la vida, Silvia y Rose. Compartirás dolor, felicidad y viajes. Tu vida será menos cruel gracias a esta amistad y gracias a tu familia a la que, a pesar de exigirte mucho, también los amas con la misma intensidad.

Puedo decir felizmente que tu práctica pedagógica será apreciada, que serás la única mujer negra en ocupar muchos espacios exclusivos de los hombres blancos. Pero, lamentablemente, no puedo negar que tendrás que trabajar el doble y dedicar el doble de tiempo que ellos. Esto te consumirá y te volverá un poco adicta al trabajo.

Tu mayor éxito consistirá en hacer bien su trabajo de enseñar, de ver y defender –científica y políticamente– a los pobres, a los negros, a los homosexuales, a las mujeres, a los despreciados, a los difamados y a todas las minorías que siguen necesitando su atención. Sólo eso, una mirada humana y amorosa hacia los educandos. No hay nada nuevo, no existen métodos infalibles ni prácticas y tecnologías locas.

En fin, Cris, en conclusión, como decía al principio, ya tenemos 53 años. Tienes éxito profesional, pero aún sueñas con un gran amor. Continúas cuidando a una madre testaruda y a una hija preadolescente. Continúa haciendo terapia para superar las consecuencias de su vida de lucha y no anularse a favor de nadie.

Sé que la historia que te conté tuvo muchos altibajos, pero sin duda sales victoriosa por seguir adelante, a pesar de las dificultades. También tiene éxito buscar ayuda y seguir queriendo vivir otros 50 años, incluso sin tantas expectativas de que la vida será más fácil. Y si me permites dejarte un último mensaje, te digo que eres hermosa, te amo y te amaré por siempre. Quédate con Dios, tu Padre, recuerda siempre que eres capaz, eres buena en lo que haces y no mereces migajas. Y no olvides "sin derechos menos".


## *Lo que aprendí: experiencias exitosas y errores que cometí*

*Entonces, ¿qué haremos con nuestras vidas?*
*Dejamos solo una marca*
*Nuestra historia brillará como una luz.*
*¿O terminará en oscuridad?*
*Dale tu todo o nada*
(No necesitamos otro héroe – Tina Turner)

Da de ti todo o nada. Aprendí que mi camino profesional debe ser así: darlo todo. No siempre fue una elección. Muchas veces la vida me ha impuesto cierto esfuerzo para conseguir lo que a otros les resultó mucho más fácil. Pero si solo podemos dejar una huella en esta vida, que sea la de la lucha por las minorías, la búsqueda de más justicia social, la fe y el amor por una educación transformadora, emancipadora y crítica. Esto es lo que aprendí y lo que he intentado dejar constancia a lo largo de mi recorrido profesional y personal.

Como experiencia exitosa, necesito repetir lo que ya mencioné en la primera parte del capítulo, una mirada humana y amorosa hacia los estudiantes muchas veces hará mucho más que elaboradas técnicas de enseñanza, métodos considerados infalibles o prácticas y tecnologías sofisticadas. Llamar a un alumno por su nombre, interrogar a la clase sobre temas de su contexto que le preocupan, señalarle formas más prácticas de realizar las actividades y evitar que comente errores, que quizás nosotros mismos o nuestros compañeros hayamos cometido, son caminos posibles hacia una educación que sea más exitosa en su propósito.

A lo largo de mi trayectoria profesional, estas fueron las huellas que elegí dejar y se manifiestan especialmente en forma de proyectos y publicaciones resultantes de ellas. Aunque muchas han sido mis acciones profesionales, me limitaré a describir propuestas de los últimos cinco años. El libro "Educación para las relaciones étnico-raciales: fundamentos para la Educación Básica" publicado en 2020 destaca la posición teórico-política adoptada por reconocidos investigadores y la lucha por los derechos humanos, el compromiso con la implementación de las Leyes brasileñas nº 10.639/2003 y nº 11.645/2008, así como la deconstrucción de mitos y estereotipos y la defensa de acciones pedagógicas y de gestión que realmente promuevan la educación inclusiva.

El libro "Educación y Relaciones Étnico-raciales: diálogos, silencios y acciones" publicado por la editorial de la Universidad Federal de Goiás en dos ediciones, 2018 y 2021, es otro ejemplo de acción educativa en mi área de investigación. En esta publicación fue posible identificar y enumerar acciones pedagógicas antirracistas a realizar en la Educación Básica. El libro trae un conjunto de reflexiones realizadas por varios autores de reconocidas universidades brasileñas, sobre las relaciones étnico-raciales, buscando dar visibilidad a la educación de la población negra. Presenta textos que resaltan vacíos en la producción teórica y análisis científicos sobre la escolarización de este grupo. Algunos capítulos muestran el compromiso de investigadores que dedican su vida a denunciar el daño que las escuelas brasileñas han hecho a estas personas, y otros cubren ejemplos de prácticas pedagógicas exitosas que se proponen superar el racismo en el aula.

Otra producción científica resultante de un trabajo de maestría que estuvo bajo mi cotutela, fue el artículo "Mapeo de la investigación en Educación para las relaciones étnico-raciales" publicado en la revista Cadernos de Pesquisa da Fundação Carlos Chagas, en 2022, en el que presentamos una análisis bibliométrico de la producción científica sobre Educación de las Relaciones Étnico-Raciales en la base de datos Web of Science, de 1945 a 2019, ofreciendo información importante sobre la evolución del campo a nivel internacional, permitiendo a los investigadores reconocer posibles vacíos en el área.

Desde una perspectiva más práctica y mostrando mi aporte a la creación de tecnologías educativas, cabe mencionar el sitio web y el libro electrónico "Guía para el curso de formación continua para docentes: Ley nº 10639/2003 y la educación de las relaciones étnico-raciales a través de literatura", ambos desarrollados bajo mi cotutela en una maestría en docencia en Educación Básica. La guía tiene como objetivo proporcionar a los docentes de la Enseñanza Primaria II conocimientos sobre la Ley nº 10.639/03 y contribuir a la explicación de secuencias didácticas, disponibles en un sitio web, que pueden ser utilizadas para implementar esta Ley a través de la literatura.

Todas las propuestas anteriores surgieron de mis años de trabajo previo. Trabajé durante 15 años en Educación Básica, a partir de esta experiencia y del intenso contacto con el contexto de las escuelas públicas brasileñas, casi siempre periféricas, pude experimentar la realidad que muchos docentes enfrentan hasta el día de hoy. Es decir, funcionan sin infraestructura, con aulas improvisadas, sin libros ni biblioteca. Además, la ausencia de herramientas básicas de trabajo para los docentes y el hecho de que sean gestionados por el clientelismo siguen siendo factores agravantes para muchas instituciones.

Pero no fue sólo este contexto en el que trabajé, de 1999 a 2008 también trabajé en la Universidad Estadual de Goiás, donde impartí clases en cursos de pregrado, además de coordinar cursos de pregrado y especialización. También fui coordinador de unidad académica. Fue también durante este período de tiempo que realicé mis cursos de especialización, maestría y doctorado, verticalizando mi actividad profesional a través de la cualificación.

De 2008 a 2014 aprobé el concurso para actuar como profesor efectivo en la Universidad Federal de Goiás, impartiendo clases en cursos de pregrado y posgrado. A partir de 2014 me transfirieron al Instituto Federal Goiano, donde también impartí clases en cursos de pregrado y especialización, Maestría en Educación Profesional y Tecnológica, Maestría en Docencia para la Educación Básica, además de coordinar grupos de investigación y participar en la organización de varios eventos.

Entonces, todo lo que aprendí fue resultado de este viaje, así como de mis producciones. Las experiencias exitosas no sólo se traducen en publicaciones, resultados de proyectos y orientación estudiantil, sino también en la retroalimentación que todavía recibo de estos estudiantes que están agradecidos por mi papel en sus vidas. Este tipo de retroalimentación no tiene precio y aporta consuelo a los momentos en los que pensamos en la historia de nuestra vida.

En cuanto a errores, cometí muchos, tanto desde el punto de vista profesional como personal, son una de las razones por las que creo que es necesario acudir a terapia. Desde un punto de vista personal, creo que gasté mucha energía, y a veces dinero, tratando de ayudar a los miembros de la familia a encontrar estabilidad emocional y financiera, algo que ahora veo que no es importante para ellos. También creo que podría haber tenido hijos cuando era más joven y haber tenido más hijos, porque lamentablemente las mujeres envejecemos y llega el día en que ya no podemos tener más.

Desde el punto de vista profesional creo que podría haber luchado más, debatido más, disputado más y quizás estudiado más, sin embargo, creo que aún puedo superar estos hechos con un poco más de esfuerzo y seguir marcando la diferencia donde quiera que vaya.

### Testimonios de estudiantes

El Profesor Dr. Cleber Cezar da Silva escribió la siguiente declaración a la profesora.

"A lo largo de su carrera en educación, la profesora Cristiane Maria Ribeiro ha sido una fuente de inspiración y aliento para sus alumnos. Yo, Cleber Cezar da Silva, soy sólo uno de los muchos exalumnos cuya historia de vida fue transformada a través de la educación y del trabajo de la maestra. Cristiane fue mi profesora de Psicopedagogía durante mi licenciatura en Literatura, en 2002, en la Universidad Estadual de Goiás, en Pires do Rio-GO. Su actitud como docente siempre ha sido fuente de inspiración para seguir enseñando, en su momento fue la primera docente de la ciudad, en sus clases nos llevó a pensar en la educación como fuente de historias transformadoras, sobre todo, su vida misma, incluso sin que ella lo supiera, ya era admirada por todos sus alumnos.

En las clases de Psicopedagogía, la profesora nos ayudó constantemente a comprender el comportamiento de las personas en el proceso de enseñanza y aprendizaje, y nuestro papel como futuros docentes. En ese momento todavía no entendía cuán importante sería mi papel en la época contemporánea. Hoy, 21 años después, actúo con precisión y sigo sus enseñanzas, tratando de imitar su práctica como docente, para poder guiar a mis alumnos en un proceso de enseñanza y aprendizaje efectivo y significativo.

Las teorías que nos presentaron fueron y son necesarias, pero combinadas con las prácticas realizadas por la profesora Cristiane lograron guiarme en el camino de la docencia y transformar mi historia como humana y profesional en el área de la educación. Teniéndola como fuente de motivación, seguí sus pasos y hoy puedo decir felizmente que la profesora Cristiane y yo somos profesores del mismo posgrado en el Instituto Federal Goiano, e incluso impartimos una materia juntos.

En definitiva, la presencia de la profesora Cristiane en el proceso de mi formación docente fue fundamental y le estoy muy agradecido por ello".

La estudiante de doctorado Leandra Aparecida Mendes dos Santos Rodrigues también registró su declaración a la profesora Cristiane.

"Mi nombre es Leandra Aparecida Mendes dos Santos Rodrigues, actualmente soy profesora de portugués en el Departamento de Educación del Estado de Goiás y doy clases en escuelas que ofrecen Educación Primaria II en la ciudad de Pires do Rio-GO.

Vengo a contar cuánto aportó la profesora Cristiane Maria Ribeiro, tanto en mi vida académica como a nivel personal. Fue mi profesora en la carrera de Letras en la Universidad Estatal de Goiás (UEG) y en mi especialización en Psicopedagogía en la misma institución. Posteriormente fue mi docente y coorientadora en la Maestría en Docencia para la Educación Básica del Instituto Federal de Educación, Ciencia y Tecnología Goiano - Campus Urutaí, es decir, estuvo presente durante toda mi formación desde 2003.

La profesora Cristiane tiene un impacto en la vida de sus alumnos y la mía no fue diferente. Es un ejemplo de profesora, siempre atenta a todos, y además imparte sus clases con mucha planificación y constancia. Durante la maestría tuvimos una convivencia más intensa, ya que investigué las relaciones étnico-raciales, tema que ella ha investigado y desarrollado con maestría durante muchos años. Pronto, la inspiración que ya tenía desde mi graduación se hizo aún mayor y tuve la oportunidad de escribir artículos, capítulos de libros con ella y defender una tesis de grado bajo su dirección.

Tengo una inmensa estima por la profesora Cristiane, es una inspiración como persona, como profesional y un símbolo de perseverancia. La tengo como un ejemplo a seguir, además de haber contribuido directamente a mi carrera académica, siempre me ha animado a continuar con mis estudios y nunca rendirme ante los desafíos. Hoy estoy estudiando doctorado y estoy eternamente agradecida por la guía, dirección y atención que ella siempre estuvo dispuesta a brindarme".

# Capítulo 10. Aprendiendo de una profesora con sueños cumplidos

## María do Livramento de Paula

*Carta a una soñadora*

*Remitente: María de Paula con sueños cumplidos*

*Destinatario: María de Paula soñadora*

Querida soñadora María de Paula,

¿Recuerdas esa niña feliz y llena de sueños? Así, esta niña que nació en la zona rural del interior del estado de Ceará, tan deseada por sus padres, que ya tenían tres hijos, creció y con ello se hizo realidad su sueño de explorar las fronteras donde nació. Sus padres estaban decididos a brindar educación a sus hijos, porque, como ellos mismos decían, era la herencia que nos dejarían y que nadie se llevaría.

Esta niña, a lo largo de su infancia, tuvo dos hermanos más, pero ella siguió siendo la bebé, como la llamaban cariñosamente sus cinco hermanos. Posteriormente nació su única hermana, completando la familia del matrimonio de siete hijos, quienes incansablemente nos brindaron la posibilidad real de estudiar con diligencia, creyendo que el conocimiento era el motor de nuestras vidas.

Comenzaste tus estudios en una escuela pública competitiva y reconocida en la ciudad donde vivíamos. Estudiaste en este colegio hasta séptimo grado, saliendo a completar la primaria en la capital del estado.

Incluso cuando vivía en el interior del estado acompañabas a tu madre, quien con toda la dificultad y los pocos conocimientos adquiridos en la escuela se dedicó a ayudar a leer y escribir a los trabajadores de su marido. En esa época eras todavía una niña, pero ya ayudabas a tu madre en la pequeña escuela creada para alfabetizar a los trabajadores de los servicios rurales de tu padre.

Ya desde muy joven se fue despertando en ti el deseo de enseñar, quizás por el entusiasmo y de tu madre al enseñar a leer y escribir a aquellos trabajadores y proporcionarles un mínimo de dignidad humana. A partir de entonces nació en ti la búsqueda incesante del conocimiento, aunque con gran dificultad, ya que tus padres no eran ricos económicamente, pero sí con la clara certeza de que los estudios serían esenciales para el éxito de sus hijos.

Para ti el cielo era el límite. Fue después de terminar tu educación primaria, en una escuela pública, que comenzaron los desafíos en busca de una escuela que pudiera prepararte para el examen de ingreso de la mejor manera posible. Las expectativas y las dificultades fueron tu mayor verdad, pero ese no fue el límite de su búsqueda.

Los mejores colegios de la capital ofrecieron becas completas a los tres mejores clasificados en la prueba de selección. La batalla por una plaza y una beca completa hizo que te dedicaras más a tus estudios. Qué valiente y confiada eras, estudiaste día y noche, aprobaste y obtuviste una beca completa en la escuela líder para prepararte y aprobar el examen de ingreso a la universidad federal.

Comenzó la nueva etapa de tu vida, la niña recién llegada del campo, llena de sueños y con un torbellino de dificultades que superar. Aprender a convivir con personas de alto poder adquisitivo y no sentirte destacada en esa escena fue un gran desafío. Pero lograste convivir con esa gente rica, sin perder tu esencia.

Muy rápidamente estuviste en un grupo de estudio con cinco compañeros, que se reunían todos los días para revisar el contenido y estudiar. Tú con tu manera alegre y espontánea liderabas las actividades de estudio, siempre tuviste actitud en el mando de las tareas y esto te hizo formar parte de grupos para resolver dudas. Tus resúmenes de clase fueron compartidos con muchos colegas. Una vez más, quedó patente tu capacidad para enseñar y donar los conocimientos adquiridos en el aula, aunque aún no estén del todo bien definidos.

Tu inquietud por el conocimiento y poder competir por un lugar en una universidad federal fueron tus mayores objetivos, si bien eras una adolescente con todas las ansias que su edad le permitía, tu determinación por ingresar a un curso de educación superior fue tu mayor estímulo. Se cumplía el ciclo y terminabas la secundaria, luego vino la saga de exámenes de ingreso.

Las dificultades económicas no te permitieron pagar el examen de acceso, pero eso no fue lo que te desanimó. En ese momento, había un incentivo gubernamental para que las personas de bajos ingresos estuvieran exentas de la cuota de inscripción al examen de ingreso, pero para hacerlo había que demostrar bajos ingresos, y no era fácil, enfrentabas una larga batalla, llegar temprano en la mañana para poder calificar uno de los primeros en ser atendido y mostrar la documentación y obtener la exención del pago del examen de ingreso. Tú, una vez más, lograste tu objetivo.

La soñadora logra aprobar la Universidad Federal de Ceará (UFC), en la carrera de Ingeniería en Alimentos, iniciando su mayor desafío en la búsqueda de su formación profesional. Conforme fue pasando el tiempo, más dificultades tuviste que atravesar, sin embargo, tu entusiasmo y ganas de formarte te hicieron seguir adelante.

La falta de recursos para comprar sus libros te motivó a crear estrategias para superar esta dificultad. Con tu espíritu libre, podías utilizar los libros de sus compañeros, quienes los fines de semana te los prestaban para llevártelos a casa. Copiabas los capítulos de los libros, resumiendo los contenidos, y con eso tenías tu material para apoyar tus estudios.

Como mencioné antes, tus resúmenes tuvieron éxito, al punto de ser cuestionados por tus colegas, quienes insistieron en dejarle sus libros a cambio de sus resúmenes. Esto te hizo muy feliz porque en tu mente también ayudabas a tus compañeros.

Tu deseo de graduarse de la educación superior para perseguir tu sueño de convertirse en maestra, como lo era tu madre, era claro. Eras una estudiante que quería participar en todo, hacías investigaciones bibliográficas para estudiantes de máster, tenías una beca de ayuda estudiantil, hasta que lograste incorporarte a un grupo de investigación. Con esto ganaste tu primera beca de iniciación científica, lo que te dio un poco de autonomía financiera, ya que tenías algo con lo que contar a fin de mes.

Tu vida académica estuvo llena de desafíos, pero no te permitiste rendirte, a pesar de que viviste con una familia que te dio vivienda después de que tus hermanos se casaron, al fin y al cabo, tus padres continuaron viviendo en el interior del estado.

Luego llegó la etapa de poner a prueba los conocimientos adquiridos. Lograste tus primeras prácticas, una etapa desafiante pero muy gratificante, en la que pudiste ver aplicados en la práctica los conocimientos adquiridos en el aula.

La graduación de tus sueños llegó y con ella los desafíos de ingresar al mercado laboral. Aún así, tú, esta guerrera, no te dejaste abatir por las dificultades, saliste a luchar en busca de trabajo.

La chica decidida, franca y amigable con sus amigos, comienza la batalla de su primer trabajo. Recuerdo que comentaste que en un hermoso día de playa con tus amigos, estaba un ingeniero de Petrobrás, amigo de uno de tus amigos. Entonces, al ver una oportunidad laboral, sutilmente te acercaste a él y entablaste conversación, interesándote por las actividades que se realizaban en dicha empresa. Durante la conversación, te dijo que la empresa necesitaba un profesional para apoyar el control de calidad de los alimentos de los empleados en las plataformas marítimas del estado de Ceará. En ese momento no desaprovechaste la oportunidad y hablaste de tu formación académica y de que acababas de graduarte y buscabas una oportunidad profesional. El ingeniero notó tu interés y te pidió que le enviaras tu currículum. En los días siguientes lo enviaste y al mes recibiste una llamada para presentarse en la sede de Petrobrás, en Fortaleza, para hacer una entrevista.

El sueño de tu primer trabajo estaba tocando a tu puerta, pasaste la entrevista y a los quince días ya estabas trabajando en la sede de la empresa, donde recibiste capacitación para embarcarte en las plataformas e iniciar tus actividades profesionales.

Como ingeniera en alimentos tuviste que afrontar tareas técnicas desafiantes y que invitaban a la reflexión. Se te pidió realizar un primer viaje de embarque a una de las plataformas. Tu primer desafío fue ser transportada en helicóptero y, para tu sorpresa, en ese envío solo estabas tú y dos mujeres en la plataforma, con otros 150 hombres en un envío donde debías permanecer siete días. Sus días serían muy desafiantes, pero como te conocías muy bien, sabías que incluso con miedo te comportarías como una profesional.

Tu determinación y tu forma de educarte te hicieron afrontar esta nueva experiencia con tranquilidad, y tu miedo quedaría muy bien disfrazado por tus ganas de acertar.

Tu acción técnica en Petrobrás dio buenos resultados y cumplió con las expectativas de la empresa. El contrato era por un año y tus funciones técnicas siempre las cumpliste con profesionalismo y respeto.

Tras tu primera experiencia como ingeniera de alimentos profesional, vuelves a buscar nuevas oportunidades profesionales. Inicias en este caso una nueva búsqueda para ingresar en el mercado laboral. Una vez más buscabas un puesto de trabajo en empresas de alimentación.

Después de unos días de buscar trabajo, conseguiste un empleo en una industria alimentaria procesadora de productos cárnicos, donde tu trabajo consistía en trabajar como jefa del sector de la cecina (carne salada y secada al sol). La actividad no fue fácil, ya que recibieron al sector lleno de problemas técnicos y estructurales. Un desafío más, sin embargo, habías iniciado la búsqueda de los cambios necesarios. Para lograrlo, fue necesario elaborar un informe solicitando cambios estructurales y cumplir con los requisitos legales del Ministerio de Agricultura, elaborando además un cronograma de capacitación para los empleados de ese sector. La dirección del matadero autorizó los cambios estructurales y capacitaciones propuestas para mejorar los estándares higiénicos, sanitarios y tecnológicos de los productos.

Los resultados de los cambios implementados no tardaron en dar sus frutos. Las mejoras implementadas en el sector ganaron la licitación para colocar el producto en el comedor escolar del Norte y Nordeste de Brasil. Además de la calidad del producto, esto sólo sucedió porque existían condiciones higiénico sanitarias adecuadas. A partir de entonces fuiste ascendida a directora industrial y directora técnico del matadero, permaneciendo allí unos cinco años.

Tu determinación de buscar nuevos desafíos y conocimientos te llevó a postular a un puesto en otra institución donde tendrías acción técnica y tecnológica en la prestación de servicios y capacitación de personas para el mercado laboral. Aprobaste y con ello llegó el desafío de trabajar en una institución que prepara personas para trabajar en industrias y brindar servicios en las industrias alimentarias, además de impartir cursos de formación técnica y tecnológica. Fue tu primer rol efectivo en la docencia y prestación de servicios en acciones técnicas y tecnológicas y en el desarrollo de nuevos productos en empresas procesadoras de alimentos.

Durante este período, iniciaste tu maestría en Ciencia y Tecnología de Alimentos en UFC, ya que tu deseo de ser docente era claro y, para seguir tu carrera académica, era necesario calificarte más. Fue un gran desafío, ya que trabajaste e hiciste tu maestría, intercalando tus clases con tus turnos de trabajo, además de continuar tus actividades de capacitación en industrias donde había demanda, que no siempre estaban en tu estado, siendo un desafío más en tu vida académica, ya que a menudo tenías que viajar a otros estados para satisfacer la demanda de cursos solicitados por las industrias.

Ha llegado el día de defender tu tesis de maestría, que fue desarrollada en una gran industria alimentaria local. Tu trabajo de investigación se centró en enriquecer la pasta con hierro para atender a consumidores con anemia ferropénica o anemia oculta. El resultado de tu investigación coincidió con el uso obligatorio de hierro en la harina de trigo y maíz por parte de la Agencia Nacional de Vigilancia Sanitaria (Anvisa). Tu trabajo te llevó relativamente a la fama, pues te invitaron a dar una entrevista en el diario local y en el diario nacional, al coincidir con la publicación de la exigencia de enriquecimiento obligatorio con hierro en la harina de trigo y maíz.

Sé que el inicio de tu carrera profesional estuvo lleno de sueños y expectativas de estar más allá de donde estabas. El trabajo de una Ingeniera en Alimentos que trabajó en la producción, desarrollo de productos alimenticios y en la formación de personas para el mercado laboral, ya indicaba el deseo de realizar sus actividades de una manera menos técnica y más pedagógica. A pesar del entorno en el que te encontrabas, en términos de desarrollo técnico y tecnológico, la docencia ya residía en tu práctica, aunque no institucionalizada. Fue entonces, reconociendo la necesidad de estar efectivamente en las aulas, que comenzó tu relación con la enseñanza.

Fue un desafío salir de tu zona de confort, pues el miedo a dejar tu familia, un trabajo y un reconocimiento consolidado en el trabajo técnico y tecnológico era inevitable, pero las ganas de enseñar estaban latentes. Para ello, fue necesario que abandonaras tu estado natal en busca de tu sueño de enseñar donde, en ese momento, se presentó la oportunidad.

Entre los desafíos al emprender la carrera docente, el mayor fue la inestabilidad, ya que implicaba trabajar como docente suplente en una institución privada, aunque luego llegaras a ser profesora titular en la misma institución.

A partir de ese momento, los desafíos inherentes a la docencia también fueron inevitables, al fin y al cabo, el público con el que tratabas ya no era la industria, donde la delegación de tareas y responsabilidades era para quienes ya estaban en el mercado laboral, sino para sujetos en formación inicial, es decir, aquellos que aún estaban por incorporarse al mundo profesional. Además, tus expectativas sobre el aprendizaje de los nuevos estudiantes eran altas y fue un desafío, ya que aún no conocías sus historias de vida, repertorios socioculturales y académicos. Estos siempre han sido elementos importantes en tu actividad docente.

Incluso ante la incertidumbre de la estabilidad como profesora en el sector privado, tus esfuerzos no pasaron desapercibidos. Tu experiencia en el área técnica y tecnológica fue fundamental para tu labor como docente, pues también fue a partir de ahí que las situaciones prácticas sumaron al abordaje teórico en el aula.

Tu experiencia en industrias y en asistencia técnica y tecnológica te ha permitido, además de la capacidad de trasladar a la teoría ejemplos prácticos, orientar a varios estudiantes sobre diferentes temas en su trabajo de finalización de cursos.

Cambiaste de estado e institución educativa, también fuiste seleccionada para coordinar y crear cursos técnicos en una institución de capacitación y prestación de servicios en operaciones industriales. Este fue otro desafío, el cual aceptaste fácilmente y formaste un equipo para satisfacer la demanda al crear el curso técnico en alimentos, en el que lograste cerrar dos clases corporativas de una gran industria alimentaria.

Tu desafío con esta institución no quedó ahí, fuiste invitada por el gremio de productores de azúcar y alcohol a crear un curso técnico a desarrollarse dentro de las plantas de azúcar y alcohol. El desafío fue aceptado e inicialmente se crearon dos grupos como pilotos.

Así, además de las experiencias relatadas, tu desempeño podría mejorar al continuar con su formación académica. Te diste cuenta de que no bastaba con una carrera en Ingeniería de Alimentos, también realizaste una maestría en Ciencia y Tecnología de Alimentos, como ya mencionamos, y el curso de Formación Pedagógica. Poco después surgió la necesidad de realizar su doctorado. Hiciste la selección en otro estado, continuaste siendo audaz y desafiándote a ti misma. Aprobaste y con ello, naturalmente, se presentaron nuevos desafíos.

Como resultado de tus estudios continuos, adquiriste condiciones y requisitos que te permitieron competir por un lugar en un concurso público y convertirte en profesora de educación superior en una universidad federal. Esto no fue nada fácil, una vez más había que cambiar de estado y asistir a clases de doctorado era un desafío, ya que había que viajar todas las semanas para asistir a ellas. En ese momento vivías en el estado de Mato Grosso y su doctorado fue en el estado de Minas Gerais. ¡Qué desafío es superarte y poder llevar todo esto a tus actividades de docencia, investigación y extensión!

Por si fuera poco, a través de un convenio internacional, fue posible realizar algunas actividades de tu proyecto doctoral en Lisboa, Portugal, donde tu asesor también se encontraba realizando investigaciones. Fue un desafío, ya que tenías que enseñar tus materias durante las vacaciones para poder irte sin causar daño a tus alumnos.

Ha llegado el gran día de la defensa de tu doctorado y entonces vuelves a salir de tu zona de confort cuando recibes una invitación de otra universidad, de otro estado, para redistribuirte y contribuir a la consolidación de la carrera de Ingeniería en Alimentos en esa universidad.

La soñadora aceptó el desafío y fue trasladada a la institución donde permaneció dos años en la carrera de Ingeniería en Alimentos. Tuvo que ser trasladada a la capital por motivos de salud y ahora sí, otro gran desafío. En la capital no existía la carrera de Ingeniería en Alimentos y te aceptaron en la carrera de Farmacia para impartir materias del área de Alimentos. Fue muy retador, pero encontraste tu espacio, guiaste y mentorizaste a varios estudiantes del área de Alimentos, además de participar en un grupo de investigación y extensión.

Tu experiencia como docente e investigadora en el área de la salud le permitió colaborar en un proyecto de investigación con investigadores de la Fundación Oswaldo Cruz (Fiocruz/CE), además de participar en paneles de calificación y defender tu tesis de maestría en el área de la salud. Me siento realizada por todos los logros y no podía firmarlo de otra manera.

Firmado: María de Paula con sueños cumplidos

## Lo que aprendí: experiencias exitosas y errores que cometí

Las prácticas pedagógicas que realicé y que aún realizo en mi carrera docente están compuestas tanto por elementos positivos como mejorables. Las experiencias positivas van desde el aprendizaje aplicado hasta el desarrollo de productos y procesos tecnológicos, así como la formación integral de los estudiantes a quienes impartí clases y supervisé trabajos y proyectos de investigación y extensión.

Los conocimientos mediados en el aula y en proyectos de investigación y extensión brindaron condiciones para que los estudiantes desarrollaran habilidades y competencias en su formación académica y profesional. Por otro lado, algunos elementos podrían mejorar, como mis altas expectativas en cuanto a la participación de los estudiantes en el proceso de enseñanza y aprendizaje, porque considerar esta expectativa podría contribuir a hacer más fructífera mi práctica pedagógica.

## Testimonios de estudiantes

Dayanna Alves da Silva, 33 años, académica de la Carrera de Farmacia de la Universidad Federal de Maranhão (UFMA), escribió a continuación el comunicado para la profesora Maria do Livramento de Paula.

"Recuerdo una mañana cualquiera, caminando por los pasillos del edificio de Farmacia de la UFMA, cuando conocí por primera vez a la profesora Maria do Livramento, cariñosamente llamada "Profesora Lili" por sus alumnos. La forma sencilla y amigable con la que me trató me hizo comprender inmediatamente que había encontrado una maestra única. Sin embargo, en ese momento no tenía idea del inmenso impacto que tendría en mi vida.

Con el paso de los días me dieron la oportunidad de participar en sus clases. A partir de ahí entendí que era una persona con una metodología de enseñanza única y muy eficiente en su efecto. Las clases no fueron para la mera transmisión de conocimientos; Además del excelente dominio de los contenidos, la disciplina y el fomento del pensamiento crítico, fue notable el brillo expresado en la mirada de alguien apasionado por lo que enseña. En cada clase demostró su preocupación por citar ejemplos prácticos, compartir sus experiencias relevantes, con el objetivo de prepararnos de la manera más completa, incentivarnos a desarrollar nuestras habilidades, comprender los contenidos y tomar decisiones informadas, incluso para lo que se requiere más allá del plan de estudios. Toda esta conexión amplió mi forma de pensar y despertó en mí el amor por el tema, elevándolo a la probabilidad de ser una futura elección profesional.

Cabe mencionar que el camino hacia la formación académica está lleno de desafíos. En este aspecto también fue notable el cuidado de la profesora Lili por sus alumnos. En ocasiones, ella fue para mí un canal de aliento ante los obstáculos, animándome a un mayor autoconocimiento y, a partir de ahí, a la confianza en mí misma, algo fundamental para mi crecimiento profesional.

A lo largo de dos años de convivencia, noté una docente que valora sus raíces, preservando su esencia, pero que también está abierta a las actualizaciones. Tu comportamiento, tus actitudes éticas y tu compromiso con el trabajo crean un modelo de inspiración. Vinculado a esto, un ser humano empático, respetuoso y lleno de compasión hacia los demás, enseñando a su manera lecciones valiosas para quienes buscan sabiduría.

Concluyo con una expresión de gratitud en mi alma, afirmando que mi recorrido académico se puede dividir en un antes y un después de la presencia de este maestro. Por eso agradezco inmensamente todos los conocimientos transmitidos, su querida presencia ha dejado huellas imborrables y ha marcado una diferencia invalorable en mi educación".

La exalumna, Lyssa Borchio, de 39 años, también envió su comunicado con las siguientes palabras.

"Estoy muy orgullosa de la oportunidad de haber tenido a Maria do Livramento de Paula (Lili) como mi asesora de trabajo de finalización de estudios durante mi graduación en Ingeniería de Alimentos en la Universidad Católica de Goiás, en 2007.

Mi querida Lili es una persona inspiradora y cautivadora, que vino al mundo a hacer lo mejor para los demás. Puedo decir que ella me ha inspirado a lo largo de estos largos años a nunca abandonar los estudios y la investigación, y que el conocimiento es nuestra mayor fuente de crecimiento durante nuestra experiencia.

De mentora pasó a ser mi gran amiga, y este adjetivo queda incompleto para definir lo que ella representa en mi vida. Lili me ayudó a desarrollar mis habilidades de investigación y me enseñó a pensar críticamente sobre los problemas. Ella también me brindó apoyo y orientación constante, y siempre estuvo ahí para responder mis preguntas.

Lo que diferencia a esta profesional es que hace su trabajo como misión de vida, su pasión por el conocimiento se transmite con ligereza y entusiasmo. Llevo a mi vida nuestra eterna amistad y la inspiración para dar siempre lo mejor de mí en todo lo que necesito para dedicarme profesionalmente".

# Epílogo

DESARROLLO PROFESIONAL...

AL PRINCIPIO, CUANDO ERA UN PROFESOR NOVATO, CREÍA QUE MIS MEJORES ESTUDIANTES ERAN QUIENES PODÍAN RESPONDER CORRECTAMENTE A MIS PREGUNTAS...

... LUEGO, CON LOS AÑOS, LLEGUÉ A LA CONCLUSIÓN QUE MIS MEJORES ESTUDIANTES ERAN QUIENES PARECÍAN COMPRENDER SUS RESPUESTAS A MIS PREGUNTAS...

... LO CIERTO ES QUE, AHORA, AL CABO DEL TIEMPO, IDENTIFICO A MIS ESTUDIANTES MÁS BRILLANTES NO POR SUS RESPUESTAS, SINO POR LAS PREGUNTAS QUE SON CAPACES DE PLANTEARME...

# Unas breves notas sobre los docentes participantes

*Soledad Ahulló Martínez*

Licenciada en Filología Hispánica por Universidad de Valencia (2003). Tras dos décadas de experiencia, en el año 2020 accedí a la bolsa de empleo de Educación Secundaria de la Comunidad Valenciana y desde entonces trabajo como funcionaria interina de Lengua Castellana y Literatura. Durante estos años lectivos he sido tutora de dos grupos de 1º ESO y de un grupo de 3º ESO, además de haber impartido el ámbito de Comunicación y Sociedad en Formación Profesional Básica. He participado en diferentes concursos literarios y en el año 2019 gané el Premio Murta de microrrelatos de la Junta Local Fallera de la ciudad de Alzira con "Escacs de papallones" contra la violencia de género y fui finalista al mismo premio el año 2020 con el microrrelato "Somiar és real" a favor de la igualdad de la mujer. Además este año dirigí la elaboración de un libro de falla, fiesta tradicional valenciana por excelencia, que llevaba por título "Idiosincràsia" dedicado a la diversidad funcional con el cual obtuvimos el 3º premio en la ciudad de Alzira, en tamaño pequeño. Mi carrera profesional ha estado enfocada siempre a la educación y la enseñanza en la que siempre he tenido muy presente la inclusión educativa y la igualdad de oportunidades.

*Maria do Livramento de Paula*

Tras finalizar los estudios en Ingeniería de Alimentos (1990), Maestría en Ciencia y Tecnología de Alimentos (2001), y Formación Pedagógica (2005), realicé, para mejorar la formación y el desarrollo de los estudiantes en cursos técnicos, un doctorado en Ciencia de los Alimentos (2013). Trabajé como técnico en industrias de procesamiento de alimentos en las áreas de investigación y desarrollo y procesos de producción (1992-1996). Trabajé como coordinadora y profesora en cursos técnicos y en formación técnica y tecnológica (2002-2008) y como profesora en la Universidad Católica de Goiás (2002-2008). En 2008 empecé a trabajar como profesora en la Universidad Federal de Mato Grosso, después de haber aprobado un examen público. En 2010 empecé a trabajar en la Universidad Federal de Maranhão, donde continúo mi actividad profesional como profesor, activo en la enseñanza, la investigación y la extensión. He participado en diversos proyectos de investigación y extensión. He presentado trabajos en eventos científicos nacionales, principalmente en el área de desarrollo de tecnología de alimentos y más efectivamente en el área de salud en alimentos funcionales y nutracéuticos.

*Anna María Fuentes*

Realicé mis estudios de formación en Profesorado de Educación General Básica en la Escuela Universitaria de la Universidad Autónoma de Barcelona en la que realizaban un Proyecto Innovador de Enseñanza, a cargo de profesorado universitario vinculado a la institución de Rosa Sensat (1975). Obtuve la Diplomatura en Profesorado de Educación

General Básica con la Especialidad de Ciencias y Diplomada en maestra de catalán (1978). Realicé estudios en el Instituto de Ciencias de la Educación de la Universidad de Barcelona dos cursos de Pedagogía Operatoria (1977-1979). Inicié mi profesión en una escuela privada activa y progresista de Barcelona y ejercí en ella durante un curso escolar (1978-1979). Conseguí plaza como maestra funcionaria de carrera en la Escuela Pública de Barcelona, ejerciendo como maestra de E.G.B. (1979-1989) en escuelas suburbiales del cinturón de la ciudad de Barcelona. Participé en un Proyecto de Inmersión del catalán en Parvulario y Ciclo Inicial (FOPI) de la Escola Numancia de Santa Coloma de Gramanet con alumnado castellano-parlante con problemas de adaptación escolar (1983-1985). Me licencié en Filosofía y Ciencias de la Educación - Pedagogía, con la Especialidad de Pedagogía Terapeútica (1986) en la Universidad de Barcelona. Me trasladé por concurso general a la Comunidad Valenciana (1989-2021), consiguiendo la plaza de especialista en Pedagogía Terapeútica en una escuela pública donde he ejercido durante 32 años atendiendo a la diversidad del Centro. Impulsé en la escuela un Proyecto innovador de Teatro Terapeútico denominado "A Escena ", ganador de un concurso de Innovación Pedagógica (2010). He participado en diversas formaciones dirigidas al profesorado a lo largo de mi carrera profesional. Tras mi jubilación (2021), en la actualidad (2023) curso estudios como alumna Senior en la UPV de Valencia. Y he participado en un Proyecto Intergeneracional (2022) promovido por el Cercle Projecte de Barcelona, con alumnado universitario de Magisterio y Pedagogía de la Universidad privada San Bosco de Madrid.

### Mayara Lustosa de Oliveira Barbosa

Doctora en Biología Celular y Estructural por la Universidad Estatal de Campinas (2017), Máster en el mismo campo e institución (2013). Licenciada en Ciencias Biológicas por la Universidad Federal de Goiás (2010). Durante sus estudios de pregrado, trabajó en NETESB (Núcleo de Estudios en Tecnología para la Socialización del Conocimiento en Biología) en asociación con la empresa Brasil Online - Tecnología Educacional, donde ayudó a construir lecciones interactivas de Biología para estudiantes de primaria. Ha trabajado como Directora de Enseñanza en el Instituto Federal de Goiás - Campus Cristalina y Coordinadora del Curso Técnico en Informática en el mismo Campus (2017-2018). En el Instituto también trabajó durante cuatro años en el Programa de Postgrado en Enseñanza para la Educación Básica. Actualmente es Profesora en el Instituto Federal de Brasilia, y está haciendo su posdoctorado en Educación en la Universidad de Valencia en España. Trabaja principalmente en las siguientes áreas: 1) enseñanza de Ciencias y Biología; 2) educación inclusiva (tanto en lo que se refiere a la inclusión de personas con necesidades educativas especiales como a las relaciones étnico-raciales) y 3) formación inicial y continua de profesores.

### Paulo Roberto Magalhães

Profesor de la Secretaría Municipal de São Paulo, es licenciado en Geografía por la Universidad Católica de Santos. Es licenciado en Ciencias Sociales, en el área de Ciencias Políticas, por la Universidade Estadual Paulista (Unesp). Es especialista en Globalización y Economía por la Unesp. Tiene un Máster en Arquitectura y Urbanismo por la FAU -

PUCAMP y es Pedagogo titulado en Administración y Supervisión Escolar. Con el proyecto titulado "Aula Pública", ha ganado varios premios, entre ellos: Territorio Educativo 2016 - Instituto Tomie Othake, Profesor Nota 10 - Victor Civita, 2017, Instituto Reconecta, 2017, Instituto Natura - Comunidade de Aprendizagem, 2017, Profesor Destaque - Secretaria Municipal de Educação da Cidade de São Paulo, 2017, Programa Quizlet 2017 y Fundação lemann. También recibió el Premio de Derechos Humanos de la Secretaría Municipal de Derechos Humanos de la Ciudad de São Paulo y el Global Teacher Award en 2021. En 2022, recibió el Premio de la Organización de Estados Iberoamericanos, así como el Premio Educador del Año 10 y el Premio Perestroika de Educación Básica. Es embajador de la Ciudad Educadora del Municipio de São Paulo. La Associação Escola Aprendiz y la Rede de Coletivos lo reconocieron como Embajador Docente de la Ciudad Educadora, basada en la promoción de prácticas pedagógicas que articulan el potencial educativo, el conocimiento local y los agentes locales. El proyecto figura en el libro "Ciudad, género e infancia", patrocinado por la Fundación Bernard Van Leer. Apareció en cientos de periódicos y revistas, como Folha de São Paulo, Jornal Agora, Correio Brasiliense, Revista Veja São Paulo, Globo News, CNN Brasil, así como en diversos portales de información y educación, todos los cuales cubrieron el desarrollo y la puesta en práctica del proyecto "Aula Publica". Por último, se organizó una exposición informativa sobre el proyecto en el Museo Catavento de la ciudad de São Paulo.

*Diana Marín Suelves*

Tras realizar los estudios de Psicología (2003), Psicopedagogía (2004) y Magisterio (2006) con premio extraordinario, realicé mi tesis doctoral en el campo de la Psicología Social (2011). Funcionaria del cuerpo de Maestros por Pedagogía Terapéutica desde 2007 y habilitada por Audición y Lenguaje por adquisición de nuevas especialidades (2013). Trabajé como maestra en centros de Educación Infantil y Primaria, en Institutos de Educación Secundaria y Centros Específicos de Educación Especial durante casi una década. En 2014 comencé a trabajar como profesora en la Universitat de València a tiempo completo. He participado en varios proyectos de innovación e investigación financiados en convocatorias nacionales de I+D+I, como becaria de colaboración e investigación, investigadora del grupo CRIE y como investigadora principal. He presentado ponencias y comunicaciones a congresos nacionales e internacionales, publicado en revistas científicas como: Revista de Educación, Aula de Innovación Educativa o Cuadernos de Pedagogía, y coordinado otras publicaciones en editoriales como Tirant o Tab edizione. Los grandes temas en los que he centrado mi desarrollo profesional han sido la intervención psicoeducativa, la atención a la diversidad, el desarrollo positivo de niños y adolescentes y la competencia digital. Actualmente, miembro de RUTE, RUEI, IARTEM y RIDIVI y del grupo de innovación y renovación pedagógica EDULAB (ámbito de contenidos). Además, actúo como revisora de revistas científicas y acumulo un total de cinco trienios, dos quinquenios y dos sexenios de investigación.

https://scholar.google.es/citations?user=bI7ATdoAAAAJ&hl=es

https://orcid.org/0000-0002-5346-8665

*Juan Ramón Martínez Morales*

Licenciado en Ciencias Políticas y Sociología (especialidad Ecología Humana) por la Universidad Complutense de Madrid (1990), entré en la Universitat de València como Ayudante de Escuela en 1990 en el Departamento de Sociología y desde 1997 soy profesor Titular de Escuela. He impartido docencia en numerosas facultades de la UVEG de Sociología, Sociología Industrial y de las Organizaciones, Sociología de las Organizaciones, Sociología Urbana y de la Vivienda, Sociología del Deporte, Sociología del Ocio y de la Actividad Física y Deportiva, Métodos y Técnicas de Investigación Social y desde 2011 imparto docencia en la Facultad de Magisterio y en el Máster de Secundaria del que soy coordinador desde el 2013. En 1994 realicé el Master en Planificación Territorial, Medioambiental y Urbana en la Universidad Politécnica de Valencia. Dentro de los Máster propios de la Universitat de València he sido Subdirector del Máster de Talento en varias ediciones, Codirector del Máster de Dirección y Gestión de Entidades Deportivas y profesor invitado para impartir formación sobre "gestión", "coaching ejecutivo" y "competencias" en diversos Máster de la Universidad Española. He participado en varios proyectos de innovación e investigación, presentado ponencias y comunicaciones a congresos nacionales e internacionales, y publicado en revistas científicas diversos artículos sobre el emprendedurismo valenciano, la gestión en los servicios deportivos, el ocio y el deporte, la sociedad valenciana y su espacio urbano, y en los últimos años sobre inclusión educativa y diversidad a través del deporte. En la actualidad estoy finalizando mi tesis doctoral de CC. Sociales en la Universitat de València sobre "La inclusión educativa del alumnado con discapacidad a través de la Actividad Física. Una aproximación sociológica", dirigida por Jesús A. Ramón-Llin Más y Francesc J. Hernández Dobón.

*Guillermo Murcia López*

Licenciado en Derecho (2006) y en Ciencias Políticas y de la Administración (2013), máster Profesor de Educación Secundaria (2010) y en Salud Laboral (2013), en la actualidad trabajo en una tesis en el Programa de doctorado en Ciencias Sociales en la Universitat de València bajo la dirección de Raúl Lorente Campos y Adoración Guamán Hernández. Soy funcionario de carrera del cuerpo de profesores de educación secundaria en la especialidad de lengua inglesa y he trabajado como tal en diversos institutos del área de la Comunitat Valenciana. Desde 2016 soy profesor de ámbito lingüístico social en la Unidad Pedagógica Hospitalaria del Hospital La Fe y el Hospital Clínico Universitario de València, España. Durante el curso 2022-2023 impartí clase en escuelas del Springfield Public School System del estado de Massachusetts en Estados Unidos. He presentado ponencias y comunicaciones en las universidades de Massachusetts (Campus de Amherst) y Harvard de Estados Unidos, así como em la Concordia University de Montréal (Canadá) y la Universitat Pompeu Fabra de Barcelona.

*Cristiane Maria Ribeiro*

Es licenciada en Pedagogía por la Universidad Federal de Goiás (1995), máster en Educación por la Universidad Federal de Uberlândia (2000) y doctora en Educación por la Universidad Federal de São Carlos (2005). Fue profesora titular en la Universidad Federal de Goiás y actualmente es profesora en el Instituto Federal de Goiás. Tiene experiencia en educación básica e investigación, principalmente en las siguientes áreas: educación, población negra, políticas educativas e historia de la educación. Es profesora titular del Programa de Posgrado en Educación Profesional y Tecnológica del Instituto Federal de Goiás, del que también fue coordinadora durante dos años.

## Dino Salinas

Es ilustrador en temáticas relativas a escuelas, infancias y docentes...Entre otras, ha dibujado para la editorial Graó y para Cuadernos de Pedagogía. También es profesor Titular del Departamento de Didáctica y Organización Escolar de la Universitat de València. Da clase en la Facultad de Magisterio.

## Ángel San Martín Alonso

Doctor en Filosofía y Ciencias de la Educación. Catedrático Universitario en el Departamento de Didáctica y Organización Escolar en la Universitat de València. Coordinador del programa de Doctorado y director del grupo de investigación CRIE. Su área principal de trabajo es el estudio de las sinergias culturales y organizativas entre las tecnologías de la información y la comunicación y los centros escolares. Participa desde hace varios años en la organización de actividades relacionadas con la producción de audiovisuales en las escuelas. También es autor de varios libros y cuenta con publicaciones en diversas revistas científicas como Márgenes, RIFOP, REIFOP o Profesorado.

https://scholar.google.es/citations?user=LgmY9GMAAAAJ&hl=es

## Felipe Silveira de Souza

Inicié mi formación académica en la Universidade do Rio Grande do Sul (UFRGS), donde cursé la licenciatura en Geografía (2004). Durante mi época de graduación, participé como becaria en el Programa de Educación Tutorial (PET), donde tuve contacto con el trípode enseñanza-investigación-extensión. Consecuentemente, en esta misma universidad realicé mi maestría en Geografía (2008). Poco antes de terminar la maestría, en 2007, trabajé como profesora sustituta en el CEFET-RS (ahora IFSul), Uned Sapucaia do Sul y así tuve mi primer contacto con la Educación Profesional y Tecnológica. Esta experiencia me ayudó a convertirme en profesor en CEFET-SC (ahora IFSC), Unidad de São José, a principios de 2008. Desde entonces, enseño geografía en los cursos técnicos integrados y en el PROEJA, además de contribuir con materias afines en las licenciaturas en Química e Ingeniería de Telecomunicaciones, y en la Especialización en Educación Ambiental con énfasis en Formación de Profesores. Entretanto, concluí el doctorado en Geografía en la Universidad Federal de Santa Catarina. En mis investigaciones de máster y doctorado estudié los espacios públicos, las zonas verdes, los parques urbanos, las territorialidades, la planificación y la gestión de las ciudades. Sin embargo, desde que me licencié me he interesado por la investigación en el campo de la educación. Actualmente busco mejorar mis conocimientos sobre los debates promovidos por la educación ambiental, la ecología política y la educación profesional y tecnológica. En el IFSC he ocupado diversos cargos de gestión, como la coordinación del área de Cultura General y la coordinación del curso de Operador de Informática PROEJA en el Campus de São José. Actualmente soy responsable de la coordinación de la Enseñanza Técnica Integrada en el Departamento EJA-ETI de la Decanatura de Educación del IFSC.

*Salvador Tarín*

Soy Maestro Especialista en Educación Física (EF) desde 2001, e ingresé como funcionario del cuerpo de Maestros en 2002. Llevo trabajando más de 20 años en centros educativos de infantil y primaria como maestro de EF y como maestro generalista, y en los últimos cinco años he ejercido el cargo de Director en Colegio Público Rei en Jaume de Tavernes Blanques (Valencia). En 2010 realicé el Master en Investigación de Didácticas Específicas por la Universitat de València, y entre 2010 y 2018 trabajé como Profesor del Departamento de Didáctica de la Expresión Musical, Plástica y Corporal de la Facultad de Magisterio de la Universidad de Valencia. He trabajado como asesor pedagógico y miembro del comité científico del ISSO (International Sociological Sport Observatory) de Barcelona y en la actualidad pertenezco al equipo formador del Instituto ISSOK (entidad internacional especializada en el desarrollo de la responsabilidad y el liderazgo) y a EDULAB (grupo de innovación y renovación pedagógica) dentro del ámbito de liderazgo. Como docente he formado parte de numerosos proyectos de innovación e investigación; he participado como ponente en congresos de ámbito nacional e internacional; y he publicado artículos en revistas de divulgación y científicas como Ágora, Fuentes, Quaderns Digitals o Tandem. Los principales temas sobre los que ha girado mi desarrollo profesional han sido el desarrollo positivo, la inclusión educativa, las metodologías activas y el liderazgo docente.
https://scholar.google.com/citations?user=PiEGSjQAAAAJ&hl=es

*Carmem Paola Torres Alvarez*

Soy Licenciada en Ciencias Sociales con especialización en Sociología (2006), Especialización en Gestión de Proyectos (2010) y Maestría en Educación (2013), en el área de Gestión de la Educación Profesional y Tecnológica, donde cursé la Enseñanza Secundaria Integrada desarrollada por los Institutos Federales de Educación, Ciencia y Tecnología. Soy docente desde 2003, ejerciendo en la enseñanza básica y superior, además de supervisar trabajos de finalización de curso en cursos de licenciatura y especialización lato sensu. En 2015, inicié mi carrera como profesora de Educación Básica, Técnica y Tecnológica en el Instituto Federal de Educación, Ciencia y Tecnología de Acre (IFAC), enseñando Sociología en clases integradas de Enseñanza Media y Pregrado, con énfasis en estudios sobre el Trabajo como Principio Educativo y Educación para los Derechos Humanos. En el IFAC, ocupé los cargos de Directora de Políticas de Educación Profesional, Directora de Políticas de Pregrado y, en 2023, Pro-Rectora de Educación. De mi experiencia con la formación docente y la consolidación de la Integración Curricular en la Educación Secundaria, se escribieron dos artículos que fueron publicados en capítulos de libros, junto con otras experiencias exitosas de la Red Federal. Los relatos de las experiencias se han convertido en referencias para la Red Federal, y han sido objeto de varias conferencias que he presentado en Congresos y otros eventos académicos, especialmente en relación con la Identidad Pedagógica de los Institutos

Federales, la Educación Secundaria Integrada y la Evaluación de la Educación Superior. Actualmente, también soy coordinadora del Grupo de Trabajo sobre Formación Inicial Docente, organizado por el Foro de Directores de Educación.

*María Isabel Vidal Esteve*

Maestra de Educación Primaria con mención en Pedagogía Terapéutica y premio extraordinario (2015) y Máster en Educación Especial (2017). Obtuve una beca de colaboración financiada por el Ministerio de Educación, Cultura y Deporte en el curso 2015-2016. Posteriormente finalicé el Doctorado Internacional en Educación (Cum Laude) con tesis sobre las estrategias organizativas y didácticas que contribuyen a la inclusión educativa del alumnado con Trastorno del Espectro del Autismo (TEA) en Educación Primaria (2023) financiada por el Ministerio de Ciencia, Innovación y Universidades (FPU17/00372). Tras haber trabajado en centros de Educación Infantil y Primaria y Educación Especial, actualmente soy Profesora Ayudante Doctora en el Departament de Didàctica i Organització Escolar de la Universitat de València (España). Las principales líneas en las que se centra mi investigación son la intervención educativa, la atención a la diversidad, la inclusión y la tecnología educativa. He participado en varios proyectos de innovación e investigación financiados por convocatorias nacionales y autonómicas de I+D+i. Soy investigadora del grupo CRIE (GIUV2013-105), miembro de RUTE (Red Universitaria de Tecnología Educativa), RUEI y de la Red Española de Excelencia en I+D+i y Ciencia en Videojuegos (RIDIVI). He publicado artículos, libros y capítulos de libros, tanto a nivel nacional como internacional.

https://orcid.org/0000-0002-3504-8114

https://scholar.google.es/citations?user=IKMHQRIAAAAJ&hl=en

Sole

María

Anna

Mayara

Paulo

Diana

Juan Ramón

Guillermo

Cristiane

Dino

Ángel

Felipe

Salva

Carmem

Isabel